FRIEDERIKE SCHMÖE

Schaurige Weihnacht überall

EISKALTER MORD Am dritten Advent verlässt Drummerin Ilsa ihren Mann; sie träumt davon, als Komponistin zu arbeiten, und fühlt sich von ihm nicht ernst genommen. Ihr Ziel ist ihr Ferienhaus in der fränkischen Schweiz. An einer abgelegenen Tankstelle stößt sie auf Moni: die junge Frau ist verletzt, blutbefleckt und völlig verstört. Es schneit, die Temperaturen fallen: Kurzerhand nimmt Ilsa Moni mit in ihr Ferienhaus. Doch die beiden Frauen sind grundverschieden: Ilsa ist eine resolute Persönlichkeit voller Freiheitsdrang. Moni ist harmoniesüchtig – und ihre Erinnerung an jene blutige Nacht ein weißer Fleck. Langsam tastet sich Ilsa an Monis Vergangenheit heran: Sie erfährt von ihrem Freund Gerolf. Er scheint an einer Persönlichkeitsstörung zu leiden, fügt Moni immer wieder Verletzungen zu und verleumdet sie bei ihren Freunden. Ilsa ist hin- und hergerissen: Hat Gerolf versucht, Moni zu töten? Oder hat Moni ihren Freund umgebracht? Kurz vor Weihnachten taucht ein Typ beim Ferienhaus auf. Ilsa nimmt es mit dem Unbekannten auf – sie will endlich die Wahrheit herausfinden.

© privat

Geboren und aufgewachsen in Coburg, wurde Friederike Schmöe früh zur Büchernärrin – eine Leidenschaft, der die Universitätsdozentin heute beruflich nachgeht. In ihrer Schreibwerkstatt in der Weltkulturerbestadt Bamberg verfasst sie seit 2000 Kriminalromane und Kurzgeschichten, gibt Kreativitätskurse für Kinder und Erwachsene und veranstaltet Literaturevents, auf denen sie in Begleitung von Musikern aus ihren Werken liest. Ihr literarisches Universum umfasst unter anderem die Krimireihen um die Bamberger Privatdetektivin Katinka Palfy und die Münchner Ghostwriterin Kea Laverde.

FRIEDERIKE SCHMÖE

Schaurige Weihnacht überall

EIN EISKALTER WEIHNACHTSKRIMI

GMEINER

Immer informiert

Spannung pur – mit unserem Newsletter informieren wir Sie
regelmäßig über Wissenswertes aus unserer Bücherwelt.

Gefällt mir!

Facebook: @Gmeiner.Verlag
Instagram: @gmeinerverlag
Twitter: @GmeinerVerlag

Besuchen Sie uns im Internet:
www.gmeiner-verlag.de

© 2013 – Gmeiner-Verlag GmbH
Im Ehnried 5, 88605 Meßkirch
Telefon 0 75 75 / 20 95 - 0
info@gmeiner-verlag.de
Alle Rechte vorbehalten
4. Auflage 2023

Lektorat: Claudia Senghaas, Kirchardt
Herstellung: Mirjam Hecht
Umschlaggestaltung: U.O.R.G. Lutz Eberle, Stuttgart
unter Verwendung eines Fotos von: © Gortincoiel / photocase.com
Druck: Custom Printing Warschau
Printed in Poland
ISBN 978-3-8392-1436-7

0

16. Dezember 2013

Die Bässe schlugen in das Hirn des jungen Mannes. Er hielt sich an seinem Bier fest. Seine großen Hände verbargen das Etikett. Es musste ja nicht jeder gleich sehen, dass er Jever Fun trank.

Er lehnte am Türstock und starrte in die verrauchte Küche. Die Party war in vollem Gang. Er kannte kaum einen Bruchteil der Leute. Fast alles Jura-Studenten, von denen die meisten nicht in seiner Liga spielten. Genauer gesagt spielte er nicht in ihrer. Er wollte Lehrer werden. Aber das war nur ein Teil des Problems.

Außer ihm hingen noch ein paar Lehramtsstudenten auf der Party herum und eine rothaarige Tussi, von der er wusste, dass sie in Psychologie eingeschrieben war. Sie war mollig und hatte ein teigiges Gesicht. Nicht sein Typ.

Er nahm einen Schluck. Das Bier war längst warm. Jacko mixte einen Cocktail nach dem anderen. Er hatte seine Utensilien auf dem Ceran-Kochfeld eines megagroßen Herds aufgebaut. Alles schwamm: Tomatensaft, Fruchtsaft, Zucker. Obwohl das Zeug unappetitlich aussah, hätte der junge Mann gern einen eiskalten Drink gehabt. Irgendeinen Mix aus Tequila und ein bisschen

Farbe. Aber das kam nicht infrage. Er musste nüchtern bleiben.

Der Eiscrusher machte einen Heidenradau. Die Rothaarige baute sich davor auf und quatschte auf Jacko ein. Wie irgendjemand bei diesem Lärm überhaupt irgendwas verstehen konnte, war dem Studenten mit dem Jever Fun in der Hand schleierhaft. Die Musik aus der Stereoanlage im Wohnzimmer schien das ganze Haus zu durchdringen, die Wände zu tränken, die Decken und jeden verfluchten Stein dieses mega-angeberischen Anwesens.

Er stieß sich vom Türstock ab und ging in die Diele. Jemand hatte Jumbo-Sitzsäcke ausgelegt. Ein Pärchen ging auf einem quietschgrünen Sack zur Sache. In dem anderen hockte die Frau, für die er etwas übrig hatte.

Sie war schlank und hatte lange Beine. Und diese unglaublich strahlenden grauen Augen! Doch sie sah traurig aus. Das Haar hing ihr strähnig ins Gesicht. Sie hätte durchaus mehr aus sich machen können. Er ahnte, dass es jemandem anderen auch gefallen würde, wenn Moni mehr auf ihr Äußeres achtete. Aber das war jetzt nicht sein Problem. Er schaute auf die inneren Werte. Obwohl er sich natürlich von runden Brüsten begeistern ließ, das stand außer Frage.

Moni schien in ihrem Pulli zu schwitzen. Sie hatte die Ärmel ein klein bisschen hochgeschoben, sodass man ihre Handgelenke sehen konnte. Sie trug ein Armband, grüne Steine. Es sah teuer aus. Er fasste sich ein Herz.

»Willst du was trinken?«, fragte er.

»Ein Wasser.« Das kam leise und tonlos. Moni wandte

den Blick ab. Man hätte auch meinen können, dass sie gar nichts gesagt hätte.

Er ging zurück in die Küche. Jacko machte mit der Rothaarigen rum. Er war ein verdammt guter Kerl, lud massenweise Leute ein, und Partys wie diese, mit einem Spanferkel, das draußen im Garten auf einem Spieß gegrillt wurde, mehreren Fässern Bier, die im Schnee kühlten, und den ganzen Cocktails, schmiss er mehrmals im Jahr. Seine Eltern arbeiteten als Anwälte für einen Riesenkonzern. Sie verbrachten den ganzen Dezember in Dubai.

Der Student guckte in den Kühlschrank. Der war bis obenhin mit Weißwein vollgestopft. Kein Wasser. Er trat zum Hahn und ließ Leitungswasser in ein Glas, spülte es sorgfältig aus und füllte es erneut. Dann ging er zu Moni. Aber neben ihr stand schon der Kerl.

Es wäre ziemlich unvernünftig, ihr das Wasser jetzt in die Hand zu drücken. Wobei es keine Gefahr für den zukünftigen Lehrer gäbe. Nur für Moni.

Er trank selbst von dem Wasser, während er cool ins Wohnzimmer weiterschlenderte, als würde er Moni gar nicht sehen. Er presste das Glas an seine Stirn. Es war schön kalt.

Plötzlich kehrte die Anspannung zurück, die ihn den ganzen Tag auf Trab gehalten hatte. Die Ahnung von Gefahr machte sich in den Räumen voller Zigarettenqualm breit. Wenn er überhaupt auf solche Partys ging, dann aus einem ganz bestimmten Grund. Er dachte an das grüne Armband. Ob das Smaragde waren? Ständig fürchtete er, Moni könnte irgendwann einen Verlobungsring tragen. Sogar ohne Ring war es beinahe zu spät. Er musste eingreifen, bevor alles den Bach runterging. Er machte sich wirklich Sorgen! Deswegen also ging er zu Partys. Er spielte gut Freund mit Typen wie Jacko, um einen Fuß in der Tür zu haben. Das Wohnzimmer war überheizt. Ein paar Leute zogen sich eine Linie und guckten den Neuankömmling betreten an. Außer Jacko war hier keiner großzügig. Ein späterer Lehrer, der nicht zum Club gehörte, stand nicht auf der Liste der potenziellen Kokser. Er machte kehrt. Trat in die Diele.

Monis Typ drehte sich langsam um. Der Student achtete nicht auf ihn, sondern wandte seinen Blick dem knutschenden Pärchen zu. Der Sitzsack erwies sich für die beiden mittlerweile als zu schmal, und sie machten alle möglichen Verrenkungen, um an die richtigen Stellen zu kommen. Aus den Augenwinkeln sah der Student, wie Monis Kerl ihn begutachtete. Der Knabe war nicht blöd.

Der Lehramtsstudent war außerordentlich vorsichtig, denn er hatte in seinem Leben schmerzhaft lernen müssen, dass es dumm war, einen Gegner zu unterschätzen und in unklaren Situationen impulsiv zu handeln, ohne ausreichende Informationen zu besitzen. Das würde ihm nicht noch mal passieren.

Jacko stolperte aus der Küche und stieß ihn dabei an. »He, Bruder, die Psychotante ist ganz schön auf Zack!« Er lachte. Am Hals zeichnete sich ein riesiger Knutschfleck ab.

»Cool, Mann!« Der Student, der fremd war in dieser Umgebung, schlug dem Gastgeber auf die Schulter.

Es war wichtig, sich kumpelhaft zu geben, das ganz normale Programm abzuziehen. Deshalb würde er sich gleich noch ein Bier holen.

Jetzt zog der Typ Moni vom Sitzsack hoch. Er packte sie an den Armen und zog sie dicht zu sich heran. Sein Gesicht war nur Millimeter von ihrem entfernt.

Der Student konnte ihre Angst riechen.

»Alter, willst du einen Drink?«, fragte Jacko.

»Nein.«

»Immer noch auf dem Abstinenzlertrip?« Jacko lachte laut, aber gegen die Bässe kam er nicht an.

Der Student zuckte die Achseln.

»Klar, du willst nicht darüber sprechen. Kann ich ja verstehen. Du könntest sogar hier übernachten! Die Putze kommt erst morgen Nachmittag.«

»Ein andermal, okay?«

Jacko grinste und hob den Daumen. »Schon klar!«

Genau in diesem Augenblick verstummte die Musik. Die unerwartete Stille schlug gegen die Wände, warf sich gegen die Menschen in der Diele. Der Student schnappte nach Luft.

Für Sekunden stand die Zeit still. Der Raum um ihn schien aus Glas zu sein. Sein Blick wanderte zu Moni und dem Kerl, und der schaute ihn an. Ohne jegliche Zurückhaltung. Lauernd und gefährlich.

Es ist nicht für mich gefährlich, versuchte er sich zu beruhigen, während sein Herz hämmerte wie ein Schlagbohrer. Sondern für Moni. Jedenfalls würde das alles nicht mehr lange dauern. Jeder konnte seine Lektionen lernen, sogar so ein Fatzke wie Monis Typ.

»Na, dann schauen wir mal, ob unser DJ umgekippt ist!«, juxte Jacko und tappte mit unsicheren Schritten Richtung Wohnzimmer. Damit durchbrach er die unheimliche Stille.

»Wir gehen«, sagte Monis Typ, und Moni nickte. Sie sah ihren Freund nicht dabei an. Sie sah auch den Studenten nicht an und hatte keinen Blick für das Pärchen, das mittlerweile vom Sitzsack gerollt war und nun auf dem Teppich knutschte.

1

Das mit dem Spielen ist nur am Anfang gut. Da spürst du den Drive, den Flow, den Typen wie ich sonst ausschließlich vom Drummen kennen. Dass plötzlich alles weich ist und schön und so richtig genau ineinanderpasst, die Ordnung der Welt, du schiebst die Türen zum Paradies auf und kommst in eine Art Vorraum, und freust dich auf das, was hinter der nächsten Tür liegt.

Du gewinnst. Du verlierst manchmal, eigentlich sogar ziemlich oft, aber in deiner Eigenwahrnehmung gewinnst du.

Danach beginnt die Konsolidierungsphase. Du knallst dir die Birne weich. Du bist nicht mehr du selbst, nur ein Objekt, das im Sinne von irgendwas agiert, und dieses irgendwas verstehst du nicht mal mehr. Du starrst mit roten Augen auf den Bildschirm, bewegst mit dem Cursor animierte Karten und verfestigst dich zu einem erstarrten Gewebe. Du lässt Telefone ins Unendliche klingeln, Suppe anbrennen, deine Freunde in Cafés warten. Du bist in der Garderobe der Hölle gelandet und findest den Rückweg nicht.

Ich konnte nicht mehr. Schon lange. Ich gab es nur nicht zu. Später stellte ich fest, dass ich 88 Prozent aller Spiele verloren hatte. Und eine Menge Kohle dazu. Aber es ging nicht allein ums Geld. Auch nicht ums Gewinnen und Verlieren. Es ging um Zeit und Energie. Ich hing monatelang mit leerem Blick herum, klickte mich morgens in die entsprechenden Gamerooms im Internet. Blieb drin, bis ich nur noch kleine Quadrate vor meinen Augen sah, und trank Kaffee und Weizenbier, um mich bei Laune zu halten und den widerlichen Geschmack nach Fahrradschlauch aus meinem Mund zu vertreiben.

Im Prinzip hatte es im vergangenen März angefangen. Sie sagen, allein drei gerauchte Zigaretten machen schon abhängig. Ich sage, drei Spiele an einem einzigen Abend, und du bist verratzt.

Hungrig starrte ich auf den Computer. Piet war so was von durchgedreht! Er hatte den Laptop vom Netzwerkkabel gerissen, hatte ihn auf die Tischplatte geknallt, wieder und wieder, und das war weder dem Laptop noch dem Tisch bekommen. Der Computer lief nicht mehr.

Ich war auf kaltem Entzug.

Ich muss zugeben, Piet tat damals, als er mitbekam, wie es um mich stand, alles, um mir zu helfen. Er meldete mich bei einer Selbsthilfegruppe an und trat mir 20.000 Mal in den Arsch, damit ich hinging. Ich suchte einen Psychoheini auf und machte eine Therapie. Ich quatschte stundenlang über meine Spielsucht, aber der einzige Gewinn war, dass ich währenddessen eben nicht spielen konnte. Danach ging ich in ein Starbucks und pfiff mir einen halben Liter Kaffee rein, weil das gut gemeinte Gequatsche so öde und vorhersagbar war, dass ich davon regelrecht verblödete. Ich bildete mir ein, das Spielen wäre im Vergleich zur Therapie der absolute Kreativflow gewesen.

Das stimmte natürlich nicht, und etwas in mir wusste, dass ich mir was vormachte. Ich kam schlicht nicht darüber hinweg, dass ich nun auch zu den Millionen durchgedrehter Deutscher gehörte, die ihr Glück bei einer Therapie suchten.

Der Therapeut war ein netter Kerl; er hieß Heiner und trug zu seinen Jeans und Flachwichser-Slippers ein kariertes Sakko mit Lederapplikationen am Ellenbogen. Ich war wahrhaftig tief gesunken.

Mit manchem indes hatte Heiner recht: Ich brauchte einen Sinn im Leben.

Meine Ehe war okay, aber nichts, was meinem Dasein in irgendeiner Form einen Sinn verliehen hätte. Das bisschen Sex war trostlos. Ich empfand ebenso wenig Befriedigung darin, Piet schick zu bekochen, obwohl ich es ein paar Wochen lang versuchte und sogar teure Hochglanz-Foodmagazine kaufte. Und schließlich hatte ich auch beruflich gerade nichts zu lachen.

Meine Band war zerbrochen. Skunky Pie existierte nicht mehr. Der Bassist war Vater von Zwillingen geworden, die Frontfrau hatte einen Job bei einer Produktionsfirma angenommen und war auf einen Dreh nach Australien abgehauen. Der Gitarrist wollte sowieso schon länger aufhören, und der Techniker war ins Kiffen abgerutscht. Spielen ist nichts anderes als Kiffen ohne Gras, und insofern waren wir beide auf dem absteigenden Ast: Uns war alles vollkommen egal.

Heiner motivierte mich, einen anderen Sinn in meiner Existenz zu suchen, und wenn ich keinen finden könnte, dann eben selbst so einen Sinn zu erschaffen, als könnte man flugs ein bisschen Ton in die Hände nehmen und ihn formen und brennen und hinstellen und sagen: Hier, das ist doch jetzt ein toller Sinn in meinem Leben.

Die meisten Menschen haben keinen. Sie bilden ihn sich ein. Das macht den Unterschied. Aufstehen, frühstücken, scheißen, zur Schule, Uni, Arbeit, sich abrackern, Haus kaufen, Kinder kriegen, großziehen und zusehen, wie sie in derselben Plattenrille festhängen. Sie sehen, ich hatte eine extrem negative Phase. Letztlich war es Piet, mein Mann, der mich auf die rettende Idee brachte: Schreib doch Songs!

Um einen Song zu schreiben, brauchst du keine Band. Du brauchst nur dich und einen Stift und Papier.

Ich fing an.

Wenn ich zurückdenke – es waren ein paar geniale Wochen. Ich vertiefte mich bis zum Anschlag in Bücher über das Songschreiben, ich experimentierte, schrieb, vernichtete. Schließlich hatte ich drei Balladen zusammen. Ich verklickerte Piet, dass ich meinen PC brauchte, um meine Texte ins Reine zu schreiben und vielleicht Verlagen und Plattenlabels zu mailen, sobald ich der Meinung war, dass sie gut genug waren.

Piet fand das in Ordnung.

Ich spielte nicht. Wirklich nicht. Die Spielplattformen waren für mich tabu. Ich klickte sie nicht einmal an. Ansonsten hätte sich der Automatismus sofort über mich gestülpt, wie ein willenloser Koala wäre ich der Verführung durch die Eukalyptusblätter des Spieleflows verfallen.

Also spielte ich nicht mehr und drummte nicht mehr. Ich schrieb nur noch Songs.

Was jedoch weder der superschlaue Heiner noch der wohlmeinende Piet kapiert hatten: Der Sinn, der aus dem Schreiben von Songs für klasse Bands erwachsen sollte, würde nur so lange existieren, wie ich Freude am Schreiben selbst empfand. Doch ich wollte meine Produkte natürlich verkaufen. Ich wollte, dass eine Band die Songs spielte. Dass ich sie auf MTV hören und die passenden Videos sehen könnte. Okay, wenn sie es nicht bis in die Fernsehstudios schafften, so wenigstens in die angesagten Berliner Clubs.

Ich hängte mich rein. Ich schrieb Bands und Künstler an, von denen ich meinte, die hätten das Zeug für meine Songs. Meistens bekam ich überhaupt keine Antwort. Gerade mal zwei schrieben fairerweise Absagen, und die Mails habe ich ausgedruckt und aufgehoben, einfach um die Freundlichkeit und Menschenkenntnis dieser Leute zu ehren: Für sie war ich keine Null, sondern ein menschliches Wesen, das eine ehrliche Antwort verdient hatte.

Es war absehbar: Ich würde wieder in die Sucht kippen. Am Frust lag der Rückfall nicht; eher an der Langeweile. Ich hatte nichts zu üben, nichts zu schreiben, nicht einmal die Aussicht auf einen Auftritt in irgendeinem drittklassigen Club. Einen Job hatte ich auch nicht, weil ja Skunky Pie mein Job gewesen war, und um Missverständnissen vorzubeugen muss ich sagen, dass wir ein paar echt gute Jahre hatten. Wir haben ganz schön abgeräumt, und in Berlin kamen wir überall gut an. Letztes Jahr wurden wir in einem Club sogar fest für die ganze Saison gebucht, und das war großartig, dieser Stress, dieses »ich muss noch üben, scheiße, wir haben jetzt jede Woche einen Auftritt«. Ich fühlte mich wie ein Börsenbroker, der weiß, dass es echt drauf ankommt. Es war genau die richtige Situation für meinen Stoffwechsel.

Beim Spielen ist das genauso. Du bist an einer bestimmten Position im Spiel und spürst, es könnte jetzt den Bach runtergehen. Es geht sehr wahrscheinlich den Bach runter. Also konzentrier dich. Denk nach. Wäge deine Möglichkeiten sorgfältig ab, sehr sorgfältig, denn sonst ist es gleich zu spät und deine Schulden wachsen …

Heiner hatte ziemlich daneben gelegen. Ich brauchte nicht nur einen Sinn: Ich brauchte auch Aufregung, Nervenkitzel, Unberechenbares. Mit Skunky Pie hatte ich ein paar Jahre in fortwährender Suspense zugebracht, der Kick hatte so gut wie nie nachgelassen, erst dann, wenn nach einem echt gelungenen Gig der Techniker für jeden ein bisschen Gras spendierte.

Müde starrte ich auf den zerstörten Laptop und die zerbrochene Tischplatte. Die Sinnlosigkeit von Piets Kraftattacke rührte mich fast. Ich fühlte mich wie eine zertretene Laus. Falls zertretene Läuse überhaupt irgendetwas fühlen.

Noch vor ein paar Wochen hätte ich ihm abgekauft, dass er es aus Sorge um mich tat. Um mich von der Sucht wegzuholen. Dabei konnte man das nicht. Niemand konnte einen anderen aus der Sucht rausziehen.

Man schaffte das nur selbst. Hatte Heiner doch ständig gepredigt: »Auf dich kommt es an, auf dich selbst!«

Ich hätte kotzen können.

Piet hatte schlicht die Nase voll.

Und endlich hatte er die Wahrheit gesagt, als er den Computer stakkatomäßig auf den Tisch krachen ließ. Die Wahrheit, die er seit Wochen als ›berufliche Veränderung‹ etikettierte, obwohl ich genau wusste, dass die berufliche Veränderung einen Namen hatte: Anita.

Ich sagte es ihm auf den Kopf zu. In dem Moment war er so konsterniert, dass er den Computer fast fallen gelassen hätte, worauf es natürlich auch nicht mehr angekommen wäre.

»Piet«, sagte ich so gelassen wie möglich, »du hast dein Facebook-Konto nie geschlossen, wenn du den PC runtergefahren hast. Ich habe mitgelesen. Chat mit Anita.«

Er wurde blass.

»Du hintergehst mich!«, brüllte er. Ein Plastikteil löste sich vom Laptop und schepperte gegen die Wand.

»Spinnst du?«, kreischte ich zurück. »*Du* hintergehst *mich*! Hängst dich an eine Tante namens Anita ran? Wie lange schon, hä?«

Wir warfen einander die üblichen Dinge an den Kopf, die bereits Milliarden von Malen ins Universum hinausgeschrien worden sind; immer dann, wenn Enttäuschung, Untreue, Eifersucht und die passenden unausgesprochenen Spitzfindigkeiten sich zu einer Munitionsmischung vermixen und explodieren. Ich erspare Ihnen die Details.

Piet war gegangen. Hatte einen Koffer gepackt und die Wohnung verlassen. Ich trat gegen die schiefe Tischplatte, die noch ein Stück weiter aus ihrer ursprünglichen Position rutschte, und ging in den Keller. Ein letztes Mal wollte ich mit meinen Drums allein sein.

Ich nahm die Stöcke in die Hand. Mein Kopf war voller Kleister. Ich taktete mich ein. Und begann zu trommeln.

›Drummen‹, das Wort trifft es für mich besser. Ich selbst werde zur Drum, zum Stock, zum Rhythmus. Ich fange an, lasse mich einfach fallen in einen Vierviertaltakt, und es beginnt von selbst. Das ist das Geheimnis der Musik: Du machst sie nicht. Niemals. Sie kommt aus dem Kosmos und sucht sich durch den Musiker einen Weg in die Realität.

Der Rhythmus hob mich von meinem Sitz. Ich flatterte zuerst unwuchtig, schlug mit den Flügeln, bis ich in den Gleichklang fand und meine Hände, meine Füße von allein alles taten, was sie für das große Diktat des Weltenraums tun mussten. Ich drummte. Ich war Trommel, ich war Stock, ich war Klang, ich war Rhythmus. Mein Geist zischte wie eine Flipperkugel durch den Übungsraum, ein tristes, schallisoliertes Kellerabteil, die Königssuite dieser außerordentlichen Minuten, die vor meinen Augen nach und nach verschwamm. Mein Puls beschleunigte. Schweiß trat mir auf die Stirn und rann an meinen Schläfen herab. Meine Haare klebten an den Ohren. Ich hatte den Mund leicht geöffnet und atmete schubweise. Ich war im Flow.

Besser als beim Spielen. Besser als beim Kiffen. Besser als bei allem.

Nur ein Musiker kann das verstehen. Nur ein Drummer.

Ich habe keine Ahnung, wie lang ich meine Trommeln schlug, fegte, bürstete. Irgendwann durchdrang mich eine sanfte Mattheit, so wie sie aufkommt, wenn man lange geweint hat. Man ist sediert, irgendwie. Man möchte sich zusammenringeln und schlafen. Ich legte die Stöcke weg. In meinem Hirn zerstob etwas Weißes. Der Kellerraum tauchte allmählich vor meinen Augen wieder auf, die Drums, das schmuddelige Skunky-Pie-Poster an der Wand gegenüber.

Ich strich sanft über das Becken und lauschte dem zarten Sirren, das meine Ohren streichelte. Schließlich stand ich auf, löschte das Licht, ließ die Tür offen stehen und ging in die Wohnung hinauf. Ich packte ein paar warme Klamotten, Brot, Salami, zwei Flaschen Rotwein und eine Packung Tilsiter in meinen Tramperrucksack, außerdem den mp3-Spieler und all das Kleinzeug, auf das eine Frau so angewiesen ist, schob den Schlüssel vom Ferienhaus in meine Jeanstasche, hievte den Rucksack die Treppen runter und setzte ihn auf den Beifahrersitz meines Autos.

Ich wollte mich gerade hinter das Steuer klemmen, als ich mich besann und noch einmal zurückging. Ich holte die Congas aus dem Keller und warf sie in die Klappkiste im Kofferraum. Darin lagen ein paar Wasserflaschen, Kekse, ein Schlafsack und eine Taschenlampe.

Ich warf einen Blick auf mein Handy, schaltete es aus und schob es in die Anoraktasche.

Dann hockte ich mich endlich hinter das Steuer und ließ den Motor an.

Endlich raus aus Berlin. Weg hier. Zurück in die Welt, die ich irgendwann aus Größenwahn verlassen hatte. Die Uhr am Armaturenbrett zeigte 18.00 Uhr.

Nebel glitt in Schwaden über den Asphalt. An den Fenstern der Nachbarhäuser blinkten Weihnachtsbeleuchtungen. Dritter Advent.

Als ich auf den Avus auffuhr, tätschelte ich dem Rucksack die dicke Haube.

2

Ich fuhr und fuhr, das Radio auf voller Lautstärke, bis ich die Grenze zu Bayern überquerte. An der nächstbesten Raststätte hielt ich an, einem monumentalen Gebilde mit einem über die Fahrbahnen gebauten Restaurant. Ich stellte den Motor ab und starrte eine Weile in die Dunkelheit. Minus sieben Grad. Auch hier überall Weihnachtsbeleuchtung. Ich fragte mich, wo Piet steckte, und tadelte mich, dass ich überhaupt einen Gedanken an den untreuen Fatzke verschwendete. Natürlich steckte er bei Anita. Wo sonst.

Ich stiefelte in das Restaurant hinauf. Amerikanische Weihnachtslieder troffen aus allen Ritzen. Als Musiker achtest du auf so was. Du kriegst sofort zu viel, wenn die Geräuschkulisse und die Musik gegeneinander anrennen, als müsste einer den anderen von der Bühne drängen.

Ich kaufte mir ein Brötchen mit Käse und Ei und einen Kaffee. Versteckt am dunkelsten Ende des wahrhaft riesigen Gastraums waren ein paar Spielautomaten angebracht. Abrupt drehte ich mich um und setzte mich so, dass ich sie nicht sah. Aber ich hörte ihr Gejaule und plötzlich ein vielversprechendes Klirren und Klackern, als einer der Automaten Geld ausspuckte. Meine Kopfhaut juckte. Ich schüttete den Kaffee in mich hinein, biss zweimal vom Brötchen ab und verließ flucht-artig das Restaurant.

Im Waschraum spritzte ich mir kaltes Wasser ins Gesicht. Was ich im Spiegel sah, gefiel mir nicht. Ich trug einen grauen Wollpulli, der mich unter den Neon-röhren wie eine Knastschwester aussehen ließ, genauso wie die bleiche Gesichtsfarbe und die strähnigen Haare.

Seit ich von Piets beruflicher Veränderung mit dem Namen Anita wusste, ließ ich mich gehen. Mein sonst immer volles braunes Haar hing traurig an den Seiten herab. Es brauchte dringend eine Spülung oder eine Packung Glanz. Ich hatte abgenommen, und das sah man zuerst im Gesicht. Die Wangenknochen traten gespenstisch weit hervor.

Vielleicht war ich auch nur müde von der Fahrt.

Als ich zum Parkplatz zurückging, trat mir ein Plüsch-nikolaus in den Weg und hielt mir einen Flyer hin, den ich nahm und sofort fallen ließ. Nicht mal zu einem klei-nen Zweikampf mit dem Nikolaus war ich aufgelegt!

Ich klemmte den mp3-Spieler ans Autoradio und hörte die nächsten 100 Kilometer alte Skunky-Pie-Songs. Beim Fahren analysierte ich das Potenzial, das in unse-rer Musik steckte. Während Connie, die Frontfrau, Silbe um Silbe schmetterte, tänzelte ich im Geiste mit den Drums mit.

Endlich verließ ich die Autobahn und schaltete die Musik ab. Ich musste mich konzentrieren.

Ich bin hier im Norden Bayerns zur Welt gekommen. Meine Eltern waren beide Vertriebenenkinder aus dem

Sudetenland, allerdings schon in Franken geboren. Aber selbst ich, in der zweiten Generation sozusagen, gehörte nie richtig dazu. Jedenfalls nicht auf dem Land. Dort, wo unser Ferienhaus liegt, das meine Eltern mir vererbt haben. Sie sind vor ein paar Jahren bei einem Verkehrsunfall ums Leben gekommen. Das Häuschen gehört jetzt mir. Es liegt in einem einsamen Dorf in der Fränkischen Schweiz namens Rothenfels, klebt sozusagen an einem den Ort überragenden Felsen, wie es in der Gegend häufig vorkommt, und wäre eigentlich eine ideale Geldmaschine. Gestresste Städter machen nach wie vor gern auf dem Land Urlaub. Mit ein bisschen Renovierung könnte ich ein prima Bed&Breakfast vermieten.

Allerdings hatte meine Spielsucht die Planungen nicht richtig in die Gänge kommen lassen. Und zuvor stand meine Karriere mit Skunky Pie im Vordergrund. Ich war seit Langem nicht in Rothenfels gewesen. Mein Nachbar, Bernhard Wich, schaute im Haus nach dem Rechten.

Jetzt, wo das Kapitel Ehe geschlossen war, wurde es wohl Zeit, ein paar Seiten umzublättern und mit etwas Neuem zu beginnen. Warum nicht hier!

Ich rollte auf der Bundesstraße dahin, die mich durch Dörfer führte, winzige Ansiedlungen, in denen die Menschen vor dem Fernseher saßen und auf Weihnachten warteten. Einfach deshalb, weil sie das jedes Jahr machten. Schließlich bog ich zu einer Tankstelle ab, deren blassblauer Neonschein in den Nebel hinausleuchtete.

Ich tankte. Außerdem musste ich aufs Klo. Ich fragte den Hänfling hinter der Kasse nach der Toilette und bekam eine Kehrschaufel, an der ein Schlüssel hing. Genervt stapfte ich durch matschiges Laub und Schneereste um die Tanke herum. Auf der Rückseite des Gebäudes, im toten Winkel einer Autowaschanlage, für die sich an diesem späten Abend niemand mehr interessierte, war es finster wie im Arsch der Hölle. Ich tastete mich zur Toilettentür. Schob den Schlüssel ins Schloss, wobei sich die Kehrschaufel an der Klinke verkantete. Fluchend rüttelte ich an der Klinke, bis ich endlich die Tür offen hatte. Ich suchte den Lichtschalter. Gleißend hell flammte Neonlicht auf. Geblendet kniff ich die Augen zusammen. Ich knallte die Tür zu.

Während ich auf dem Klo hockte, glaubte ich, Schritte draußen zu hören. Ein Vergewaltiger, der ein Opfer suchte, war hier genau an der richtigen Stelle. Auf der Rückseite eines Tankstellengebäudes in stockfinsterer Nacht ohne Außenbeleuchtung.

Hörte ich wirklich Schritte?

Ich spülte und wusch mir die Hände. Irgendein Tölpel hatte einen Tannenzweig mit roter Kugel am Spiegel befestigt. Ich hatte größte Lust, ihn abzureißen und in die Kloschüssel zu schleudern.

Nicht abgleiten jetzt! Alles nur Fantasie. Da draußen war die Wirklichkeit, und die war in den meisten Fällen harmlos.

Trotzdem hatte ich ein ungutes Gefühl, als ich den Schlüssel drehte und hinaus in die Nacht trat. Ich löschte das Licht, ließ die Tür ins Schloss fallen. Alles war schwarz wie Tinte.

Am liebsten hätte ich die Kehrschaufel mitsamt dem Schlüssel fallen lassen und wäre losgerannt. Meine Finger juckten. Sie bewegten sich wie von selbst, zappelten wie hyperaktive Kinder.

Ich hörte – scheiße noch mal – Schritte. Und noch etwas. Ein Schluchzen.

Ich war ein stolzer Mensch und hatte noch nie um Hilfe gerufen. Bisher hatte es sich sozusagen nicht ergeben. Und jetzt, in diesem tiefseeschwarzen Augenblick hinter einer versifften Tankstelle in der Fränkischen Schweiz, wollte ich den Anfang nicht machen. Es war ohnehin fraglich, ob der Hänfling hinter seiner Kasse mich hören würde.

»Hallo?«, rief ich. Es kam nur ein heiseres Flüstern aus meinem Mund. Meine Beine wollten laufen, ohne dass ich ihnen den Befehl dazu gegeben hatte. Meine Lungen pumpten stoßweise Atemluft in sich hinein, durch den geöffneten Mund, und meine Zähne fühlten sich so kalt an, dass ich fürchtete, sie würden gleich allesamt aus meinem Mund fallen.

»Hallo?«

Meine Augen gewöhnten sich an die Dunkelheit. Schiet, warum installierte der Hänfling nicht wenigstens einen Bewegungsmelder?

Die Kehrschaufel in der erhobenen Faust, suchte ich Sicherheit an der rauen Betonwand der Tankstelle. Seitwärts bewegte ich mich zur Ecke.

Jemand schluchzte. Trockene Schluchzer in Schüben kamen aus der Finsternis hinter der Waschanlage. In der Nacht war sie nicht in Betrieb und schon gar nicht beleuchtet. Wahrscheinlich musste der Petro-Großkonzern, zu dem die Tanke gehörte, Strom sparen.

Eigentlich hätte ich abhauen sollen. Rein ins Auto und weg. Was ging es mich an, wenn jemand den lausigsten Ort in dieser Gegend ausgesucht hatte, um zu heulen? Um den Verflossenen, eine versaute Prüfung oder sonst was, das sich alsbald als unwichtig herausstellen würde?

Aber ich stieß mich von der Wand ab und ging Schritt für Schritt auf das kehlige Schluchzen zu. Umrundete die Waschanlage und sah vor mir – eine junge Frau. Typ Studentin. Oder Sachbearbeiterin. Oder … egal. Sie hatte langes blondes Haar, das ihr feucht vom Nebel über die Schultern fiel. Trug keine Jacke. Nur einen Troyer und Jeans. Starrte auf ihre Hände und schluchzte. Sie stieß trockene, heisere Laute aus, die mich an die Stimmbandentzündung unserer Frontfrau nach einer langen Auftrittssession erinnerten.

»He!«, rief ich. »Was ist los?«

Sie hob den Kopf, starrte mich an. Sie zitterte, was mich bei der Kälte nicht wunderte, die Augen weit aufgerissen.

»Ist was passiert? Brauchen Sie Hilfe?«

Verständnislos glotzte sie mich an. Dann wandte sie den Blick ab und guckte auf ihre Hände. Sie hielt sie in einem ulkigen Winkel von sich weg, das fiel mir erst jetzt auf. Und ihre Hände waren dunkel.

Ich bin kein sehr geduldiger Mensch. Probleme löse ich sofort oder gar nicht. Beim Drummen kannst du auch nicht überlegen, wie du den Rhythmus weitertragen willst, wenn der Gitarrist zu improvisieren anfängt. Zu zählst einfach, um dich abzusichern, und überantwortest dich der inneren Aufmerksamkeit, die nie nachlässt. Jedenfalls nicht, wenn du drummst. Aufmerksamkeit ist besser als Vorbereitung. Alles Üben ist nur dazu da, Vorbereitung irgendwann komplett durch Aufmerksamkeit zu ersetzen.

Deswegen packte ich das verschreckte Wesen und zog es zur Toilettentür.

»Vielleicht sollten Sie sich die Hände waschen«, schlug ich vor.

Ich sehnte mich nach Licht. Als meine Hand den Lichtschalter drückte und das Neonlicht aufflammte, schrak ich zurück.

Der Dreck an den Händen der Frau war Blut. Auch ihr beigefarbener Troyer und ihre Jeans waren voll davon. An der Stirn hatte sie eine Wunde. Aber die sah nicht so schlimm aus. Eher ein großer Kratzer. Der konnte keinesfalls so heftig geblutet haben, dass ihre Hände und ihre Klamotten vor Blut starrten.

Ich drehte den Wasserhahn auf. »Los, waschen!«, kommandierte ich.

Damit hatte ich mein Schicksal besiegelt.

Ich hätte nämlich auch die Polizei rufen können. Oder den Notarzt. Den Notfallseelsorger. Ich hätte das Mädel zu dem Tölpel in die Tanke setzen und die Fliege machen können. Aber solche Situationen sind natürlich nicht planbar. Deswegen beobachtete ich einfach, wie sie minutenlang ihre Hände schrubbte. Das Wasser kam nur kalt und sie zitterte noch mehr. Sie tat mir leid. Sie machte mich neugierig.

Endlich wischte sie sich die Finger an einem Stapel Papierhandtücher trocken.

»Können Sie reden?«, fragte ich.

Sie schüttelte den Kopf. »Sven«, wisperte sie. So leise, dass ich mich verhört haben konnte. Sie hatte vielleicht lediglich »nein« gesagt oder »shit« oder irgendeinen jämmerlichen Laut ausgestoßen, um Druck abzubauen.

Konversation zu betreiben, hatte keinen Sinn. Ich stützte meine Hände rechts und links von ihrem Kopf gegen die Wand. »Okay. Ich starte jetzt den Wagen, und Sie gehen im Dunkeln ein Stück die Straße rauf. In die Richtung.« Ich machte eine Bewegung mit dem Kopf. »Ich sammle Sie dort auf. Dann kriegt der Knilch an der Kasse nichts mit.«

Sie nickte schwach.

Ich stieß mich von der Wand ab und verließ das Klo.

Als ich dem Hänfling die Kehrschaufel brachte, sagte er süffisant: »Hat ja lange gedauert.«

»Schon mal was von Schigellenruhr gehört?«, raunzte ich ihn an.

Ich ging zu meinem Wagen, startete den Motor. Erst jetzt wurde mir klar, wie kalt es war. Das Wageninnere war völlig ausgekühlt. Ich drehte die Heizung auf volle Lotte und fuhr los. Wenige Meter weiter hatte der Nebel die bleichen Lichter der Tankstelle verschluckt.

3

Massige Hände sackten auf die Sofalehne.

»Wo ist Gerolf?«

»Ich weiß es nicht.«

»Wo wollte er hin? Er reagiert nicht auf seinem Handy!«

»Ich sage dir doch: Ich weiß es nicht«, erwiderte Jenna. Sie stand auf und brachte sich hinter dem Couchtisch in Sicherheit.

Wilhelm Bednarz lief rot an. Am Hals pochte eine Ader. Er beugte sein Gesicht zu ihr hinunter. Wie widerlich er aus dem Mund stank! Jenna ertappte sich dabei, wie sie sich wünschte, er würde mir nichts, dir nichts umkippen. Sie stellte sich vor, wie sein massiger Körper auf dem Boden aufschlug. Wie sein Kopf gegen die Marmorplatte des protzigen Couchtisches knallte, auf dem er seine abendliche Flasche Médoc stehen hatte. In ihrer Fantasie kippte die Flasche um, und der Wein ergoss sich über Wilhelms Schädel, wobei er die wenigen verbliebenen, weißen Stoppelhärchen auf seinem Kopf rot färbte. Jenna sah den Adventskranz mit den weißen Kerzen in einer tiefroten Lache vor sich, die aussehen würde wie ein Blutsee.

Wilhelm packte sie bei den Schultern und schrie: »Mach den Mund auf, wenn ich mit dir rede!«

Jennas Magen krampfte sich vor Angst zusammen. Sie hatte sich eigentlich umziehen wollen, das Kostüm loswerden und sich in Jeans und einen dicken Pulli kuscheln. Aber dann stand mit einem Mal ihr Mann in der Tür, angetrunken und wütend.

»Ich weiß es nicht«, wiederholte sie. Sie musste jetzt vernünftig reagieren. Rein rational. Das bot am wenigsten Angriffsfläche. »Er ist erwachsen, Wilhelm, er kommt und geht, wann er will. Außerdem hat er ja sein Wohnheimzimmer.«

Ihr Mann rührte sich nicht. Wilhelms Körperhaltung erinnerte an einen Gorilla, der drauf und dran war, einen Nebenbuhler zu zerquetschen.

»Solang der Knabe von meinem Geld lebt, will ich verdammt noch mal wissen, wo er sich herumtreibt!«

Jenna taumelte zwei Schritte zurück. Sie stieß gegen die Kartons mit dem Christbaumschmuck, den Anca heute Nachmittag aus dem Keller geholt hatte. Aber wegen der Einladung zur Antrittsvorlesung in Erlangen, die sie mit Wilhelm besuchen musste, war sie nicht mehr dazugekommen, den Baum zu schmücken.

Wilhelm hasste Unordnung, er hasste Provisorisches und Unfertiges. Sie überlegte, ob sie es schaffen könnte, die Schachteln schnell wieder in den Keller zu schleppen oder wenigstens in die Gästetoilette vorne in der Halle.

»Gerolf hat sich seit Tagen nicht gemeldet!«, knurrte er. »Findest du das normal?«

Jenna zuckte zusammen. Hier war seit sehr langer Zeit überhaupt nichts mehr normal. Dass Gerolf das unstete Leben eines Studenten in den wilden 20ern führte, war noch das Vorhersehbarste.

»Spätestens an Weihnachten wird er ja hier sein.« Jenna graute vor Weihnachten. Sie fürchtete die langen, leeren Tage mit zwei Männern im Haus, die einander anschreien würden, um sich im geeigneten Moment gegen sie, Jenna, zu verbünden. Fest der Liebe und der Familie? Das gab es nicht für Jenna und würde es nie geben. Sie hatte sich bereits von ganz anderen Illusionen verabschiedet.

Wilhelms Blick ruhte für ein paar Sekunden auf seiner Frau. Seine Augen schienen sich aus den Höhlen zu wölben. Jenna gefror das Blut in den Adern. Wenn er seinen Frust anders nicht loswürde, würde er sich seine Frau vorknöpfen. Er befand sich genau in der richtigen Stimmung.

»Er kommt sowieso nur, um die Weihnachtsgeschenke abzutransportieren. Ansonsten interessiert er sich nicht für seine Familie!« Wilhelm Bednarz nahm einen Schluck Médoc. Sein Gesicht war dunkelrot.

Familie!, dachte Jenna höhnisch. Wollen wir unser Arrangement Familie nennen? Sie lächelte unbestimmt. Manchmal hatte sie wirklich Angst, ihr Mann würde ihre Gedanken hören.

Wilhelm holte mit dem Arm aus und schlug zu. Nicht besonders hart. Die Ohrfeige klatschte laut in dem stillen Wohnzimmer. Sie unterdrückte den Impuls, sich an die Wange zu fassen.

Es war nur eine Ohrfeige. Es musste nichts heißen. Vielleicht würde ihn Musik besänftigen. Als wäre nichts geschehen, trat Jenna rasch zur Stereoanlage in der Ecke und schaltete sie ein. Die CD mit den Adventsliedern des Bamberger Domchores begann zu spielen. Sie liebte Adventsmusik, das Gleichmaß der Gesänge eines großen Chores. Die Musik beruhigte sie.

Wilhelm war mit zwei Schritten bei ihr. Er stieß sie zur Seite und hieb auf die Stereoanlage. »Mach das aus! Das kann ja kein Mensch ertragen.«

Jenna sah sich Hilfe suchend um. Sie hatte keine Chance. Sie waren allein im Haus, weit draußen im Grünen, weil Wilhelm das für komfortabel hielt. Es gab keine Nachbarn, zu denen sie fliehen konnte. Anca war längst gegangen. Auf Wilhelms Lippen hing jetzt ein Lächeln, wie eine faulige, überreife Frucht, die aufplatzte, um schließlich von seinem Gesicht zu purzeln. Die Musik verstummte, und die unerwartete Stille schnitt durch den Raum.

»Weihnachten! Scheiße, ich kann den Klamauk nicht mehr ertragen. Jedes Jahr die gleichen Christbaumkugeln!« Wilhelm trat mit dem Fuß gegen die Schachteln. »Ist das mein Leben?« Er brüllte jetzt. »Einen Hanswurst von Sohn und die gleiche Farce, jahrein, jahraus?«

Verzweifelt durchforstete Jenna ihr Gehirn nach etwas, was sie sagen könnte. Etwas, das ihren Mann besänftigte. Ihr Gesicht brannte von der Ohrfeige. Noch hielt er seine Wut im Zaum, obwohl sie ahnte, was später passieren würde. Das Blut sackte ihr in den Magen.

»Setz dich hin«, flehte Jenna. »Lass uns in Ruhe über alles reden.«

»Worüber soll ich denn reden!« Wilhelm starrte seine Frau mit glühenden Augen an. »Ich habe diese Farce so satt.« Sein bulliger Körper sank auf das Sofa.

Ich auch, dachte Jenna. Mit dem Unterschied, dass ich nichts dazu sagen kann. Denn du würdest mir den Garaus machen.

Aus den Augenwinkeln beobachtete sie, wie Wilhelm seine Krawatte herunterriss und auf den Boden schleuderte. »Eventuell ist er mit der Kleinen unterwegs.«

»Das könnte sein. Ich denke, jetzt, wo die Ferien bald anfangen, da wollen sich die jungen Leute amüsieren.«

Wilhelm schnaubte. »Er soll studieren. Was arbeiten, zusehen, dass er was kann! Ich kann ihn nicht brauchen, wenn er so weitermacht wie bisher.«

»Er hat doch gerade erst die Hälfte des Studiums hinter sich gebracht.« Sie verteidigte ihren Sohn. Es war Routine. Was er wirklich an der Uni trieb, hinterfragte sie nicht. Das Studium war sicher nicht die Hauptsache.

Wilhelm sah seine Frau lange an. In seinen Augen lag Häme. »Was verstehst du schon davon. Das Einzige, was mir zusagt, ist diese Kleine. Da habe ich ja auch das eine oder andere investiert.«

»Investiert?«, echote Jenna.

»Damit sie sich wohlfühlt. Teure Geschenke gefallen den Frauen.«

Wenn du nur den Hauch einer Ahnung hättest von dem, was eine Frau sich wünscht, dachte Jenna. Sie fröstelte. Am liebsten wäre sie einfach in ihr Bett gekrochen.

Wilhelm nahm sein Handy. Wählte eine Nummer, lauschte ungeduldig, schleuderte das Handy aufs Sofa.

»Sie antwortet nicht.«

»Hast du seine Freundin angerufen?«, staunte Jenna.

Wilhelm rappelte sich hoch und kam auf seine Frau zu. Er streckte die Hand aus und fuhr zart über ihre Wange. Jenna zitterte. Wie immer in solchen Augenblicken dachte sie nur eins: Ich muss überleben.

4

Die Scheinwerfer tasteten über den Asphalt. Nebelschwaden trieben auf mein Auto zu und leckten über die Windschutzscheibe. Irgendwo musste die Frau ja sein. Ich öffnete das Fenster einen Spalt. Die eisige, feuchte Luft ließ mich frösteln. Verdammt, dachte ich. Verdammt, verdammt, verdammt.

Die Straße war einsam. In den Dörfern reihum waren die Nächte nichts als Einsamkeit. Plötzlich brach sich die Müdigkeit Bahn. Ich sehnte mich nach den Lichtern Berlins, die einem ein Leben vorgaukelten, wo keines war, aber einen wenigstens nicht im Finstern sitzen ließen.

Vor mir sprang etwas Dunkles auf die Straße. Ich stieg in die Eisen.

Das Mädchen mit den blutigen Händen. Obwohl ich höchstens 40 Sachen draufhatte, hielt ich es für unmöglich, rechtzeitig vor ihr zum Stehen zu kommen. Die Räder blockierten und schlitterten kreischend über die verschneite Fahrbahn. Sie hielt eine Hand hoch, vor ihr Gesicht, wie um sich vor dem Licht der Scheinwerfer zu schützen. Ich ließ das Lenkrad los. Keine Ahnung, warum. Vielleicht weil ohnehin alles sinnlos war. Weil ich gleich einen Menschen auf dem Gewissen haben würde. Weil die dumme Tussi es nicht schaffte, in den Straßengraben zu springen, um ihr Leben zu retten. Wahrscheinlich war sie eine vollgekiffte Selbstmörderin. Die es beim ersten Versuch nicht geschafft hatte und jetzt meine Hilfe in Anspruch nahm. Damit das Schandmal nicht an ihr klebte, sondern an mir.

Ich sah ihre weit aufgerissenen Augen, dann knallte es. Ein höhnisches Geräusch, als wenn alle Dämonen der Hölle sich gleichzeitig über dich totlachen, weil du so ein Loser bist.

Der Wagen stand. Ich sah blondes Haar auf der Motorhaube.

»He!« Brüllend vor Wut sprang ich aus dem Wagen. »Was war das denn! Konntest du nicht am Straßenrand stehen bleiben oder was?«

Sie hob den Kopf. Sie war allem Anschein nach okay. Sie hatte Glück gehabt. Wir beide hatten Glück gehabt. Sie hatte die Rechenaufgabe, in der es um die Korrelation zwischen Bremsweg, Geschwindigkeit, Reaktionsmoment und Straßenbeschaffenheit ging, perfekt gelöst. Ein Mathegenie.

»Ist alles in Ordnung?«

Sie nickte.

»Steig ein!«, blaffte ich und hievte den Rucksack auf die Rückbank.

Sie gehorchte.

Wir fuhren eine Weile schweigend durch die Nacht. Ich musste mich erstmal beruhigen. Das Surren des Motors und die langsam ansteigende Heizungswärme taten das Ihre dazu.

»Ich heiße Ilsa«, sagte ich, als mein Herz nicht mehr hämmerte wie ein Schlagbohrer.

»Moni.«

»Okay. Moni also. Was ist eigentlich passiert?«

»Ich weiß nicht.« Ihre Stimme klang völlig tonlos, geradezu leblos; aber sie sprach nur in Bruchstücken, man sollte nicht zu viel verlangen.

»Du weißt es nicht? Wie, bitteschön, bist du denn an der Tanke gelandet?«

»Ich kann mich nicht erinnern.«

»Hattest du einen Unfall? Warum läufst du ohne Jacke in dieser Kälte herum?«

»Ich kann mich nicht erinnern. Wirklich nicht.«

Ich sollte sie bei der Polizei abliefern oder am besten gleich in der nächstbesten Klinik, aber hier, zwischen den immer höher aufragenden Bergen und den scharf eingeschnittenen Talfalten, gab es weder das eine noch das andere. Außerdem wollte ich endlich ankommen und mich aufwärmen.

»Ich habe nicht weit von hier ein Ferienhaus«, hörte ich mich sagen. »In Rothenfels. Willst du mit?«

»Okay.«

Ich nickte. Hatte ich mir gedacht. Bloß wusste ich überhaupt nicht mehr, wo ich war. Ich hatte mich in der Schwärze der Nacht, im Nebel und in der nach vielen Jahren Abwesenheit so gut wie unbekannten Gegend verfahren.

»Ich war eigentlich nicht oft hier«, sagte ich, während ich hielt und die Straßenkarte studierte. »Kennst du dich aus?«

»Nein.«

War ja klar.

»Woher kommst du eigentlich?«, fragte ich.

Sie antwortete nicht. Im Auto machte sich ein merkwürdiger Geruch breit. Der Geruch nach Blut.

»Soll ich dich ins Krankenhaus fahren?«

»Nein!«

Ich sah meinem Finger zu, der über die Landkarte glitt, die B 470 entlang. Die Namen der Dörfer sagten mir nichts, bis auf Muggendorf, das war mir ein Begriff, ich war mit Eltern und Cousine mal dort Kanu fahren, auf einem Flüsschen namens Wiesent, das harmlos aussah, Kanuten gegenüber allerdings ziemlich unhöflich sein konnte. Gähnend knipste ich die Innenbeleuchtung aus. Wendete.

Bog ab, bog wieder ab. Passierte ein Ortsschild. Erkannte ein besonders schön verziertes Fachwerkhaus, eine Sandsteinmauer, an der ein altes Mühlrad lehnte, und eine Werbetafel, deren Slogan aus zwei Wörtern bestand: Hier Selbstgebrannter. Das war Rothenfels. Ein kleines Dorf. Die Pfarrkirche, neben der man einen gigantischen Weihnachtsbaum aufgerichtet hatte, beherrschte das Gesamtbild. Ansonsten viel Fachwerk, ein paar Bauernhöfe, ein Bach die Hauptstraße entlang.

Hinter dem größten Hof in der Dorfmitte bog ich in ein schmales Gässchen, das sich steil den Berg hinaufschlängelte. Plötzlich freute ich mich. Meine Eltern und ich, wir hatten nie viel Zeit hier verbracht. Das Ferienhaus war eine Schnapsidee, ein Traum meines Vaters. Den Alltag hinter sich lassen. Wandern gehen, vielleicht in der Natur malen. Seine Bilder auf einem Trödelmarkt verkaufen und dem Leben zuschauen, wie es vorbeitreibt. Daraus wurde nie was. Wir waren höchstens drei Sommer lang hierhergekommen, immer nur 14 Tage. Und einmal zu Weihnachten. Damals war ich 20. Das war 15 Jahre her, und mein Leben hatte seitdem eine Menge Kurven genommen.

Die Erinnerung schmerzte. Ich schob sie hinter den Vorhang der automatisierten Verdrängung und hielt den Wagen an.

»Hier ist es.«

Mein Häuschen klebte wie eine Bienenwabe am Felsen, hoch über dem Ort. Direkt daneben das des Nachbarn. Ein wenig Garten, im Dunkeln nichts als eine schwarze Masse. Dann, steil, terrassenartig, andere Häuser weiter unten am Hang, die wie Stufen einer gewaltigen Wendeltreppe ins Dorf hinunterwuchsen. Oberhalb meines Hauses nur noch Felsen; und dahinter Wald. Vereiste Schneereste hockten auf den Baumwipfeln.

Dankbar registrierte ich, dass Rothenfels es sich immer noch leistete, den das ganze Dorf überragenden Felsen – ein gespenstischer Zacken mit einer tief eingeschnittenen Kerbe – nächtens zu beleuchten. Warm und gelb floss das Licht zu meinem Haus herunter. Machte die späte Ankunft erträglich, beinahe ein wenig warmherzig.

»Um Mitternacht schalten sie ab«, sagte ich, während ich ausstieg. Ein, zwei Hunde fingen an zu kläffen, gaben aber schnell auf. Ich warf mir den Rucksack über die Schultern und schob das Gartentor auf. Es quietschte ganz leise. Ein schüchterner Willkommensgruß. Ich tastete nach den Schlüsseln in meiner Jeans-tasche und sperrte die Tür auf.

»Los, komm!«, rief ich nach hinten.

Im Haus war es kälter als draußen. Es roch nach Moder und Katzenpisse. Die waren schon immer ein Problem, die Katzen, die durch irgendwelche Löcher irgendwo reinkamen und sich wie zu Hause fühlten. Denen würde ich schon beikommen. Durch das Fenster rieselte das gelbe Licht der Felsenbeleuchtung ins Haus.

Hinter mir klappte die Tür. Ich fuhr herum.

Moni stand da, die Arme um ihren blutigen Pulli gewunden. Hinter ihr fiel die Tür zu. In diesem Moment schaltete die Felsenbeleuchtung auf null. Es wurde fins-ter.

»Warte!« Ich stellte den Rucksack ab und tastete mich zum Kachelofen vor. Obendrauf lag, wenn ich mich recht entsann, eine Taschenlampe. Ich schaltete sie ein.

Binnen Minuten hatte ich die Sicherung reinge-schraubt, Licht gemacht, den Haupthahn fürs Wasser aufgedreht und Holz im Kachelofen aufgestapelt. Das Feuer prasselte laut. Moni sank auf die Kachelofenbank.

»Wird gleich warm«, beruhigte ich sie.

Ich sah mich um. Die Diele war das Zentrum des Häuschens. Auf der rechten Seite ging die Küche ab, die ebenfalls vom Kachelofen geheizt wurde, und links zwei Schlafzimmer. Von beiden aus kam man ins Bad, wo ich jetzt auch das Licht einschaltete und die Wasserhähne aufdrehte. Zuerst lief eine rostige Pampe heraus, aber ziemlich schnell wurde das Wasser klar. Es war eiskalt hier drin. Ich schaltete die Heizspirale über der Tür ein.

Von der Küche kam man in den Keller. Kein sehr geräumiger Keller, sondern ein Bunker mit festgetretenem Lehmboden. Ich hatte richtig geahnt: Hier lagerten immer noch die Einmachgläser. Schlehengelee von vor 15 Jahren. Auf den Metallregalen standen die riesigen Töpfe, in denen meine Mutter ihre legendären Currys gekocht hatte. Eine nackte Glühbirne hing von der Decke. Alles war unverändert.

Ich ging wieder nach oben.

»Du kriegst das linke Schlafzimmer«, sagte ich zu Moni. »Bettzeug liegt hier. Warte.« Ich kramte im Schrank nach Bettbezügen. »Schlaf gut.«

Mit einem Mal war ich hundemüde. Ich dachte an unsere Wohnung in Berlin, Piets und meine, die Zentralheizung, die Lichter der Stadt, meine Drums, den zerschmetterten Computer. Ich dachte an Piet und Anita. Ging in das rechte Schlafzimmer, das früher das Zimmer meiner Eltern gewesen war, warf mich aufs Bett und deckte mich mit der klammen Steppdecke zu. Ich war zu müde, um mich um Laken oder irgendwas zu kümmern. Ich zog mich nicht mal aus. Dazu war es sowieso zu kalt.

5

Immer Angst. Unterschwellig. Kaum zu fassen. Keine klaren Dinge, statt dessen düstere Gefühle, Vermutungen. Immer Angst.

Das letzte Weihnachtsfest hat sich noch anders angefühlt. Moni hält ihr Geschenk für Gerolf im Arm. Es ist gleich acht Uhr abends. Sie war bei ihrer Mutter, den Besuch in Spalt hat sie herausgeschunden, der musste sein, obwohl Gerolf sie, Moni, ganz für sich haben wollte. Jetzt steht sie am Straßenrand und ist bereit für ihren Freund. Mittlerweile freut sie sich wieder. Dass sie ein schlechtes Gewissen hat, ihre Mutter am Heiligabend allein zu lassen, muss in der inneren Versenkung verschwinden. Moni ist ohnehin gut darin, Gedanken und Gefühle abzuspalten. Einfach wegzustecken, damit sie selbst sie nicht mehr spürt. Damit sie funktionsfähig ist für Gerolf. Sie hat längst gelernt, zur selben Zeit Freude und Unsicherheit zu empfinden, Vergnügen und Panik. Noch überwiegen die dunklen Dinge nicht, die sie so geschickt verbirgt.

Moni sieht zu den Fenstern hoch, hinter denen sie eben noch mit der Mutter Bescherung gemacht hat. In ihrer Tasche sind die Sachen, die sie bekommen hat. Ein Set Duftkerzen. Ein Reiseführer über Schottland. Irgendwann hat Moni mal gesagt, da würde sie gern hin. Eine Dose mit selbst gebackenen Plätzchen. Moni kann daran jetzt nicht denken, sie kann nur an Gerolf denken und das, was sie ihm in die Schachtel gepackt hat. Die teure Jacke. Die mit der Norwegerflagge drauf. Die Gerolf sich so gewünscht hat. Sein Vater findet die Marke proletenhaft. Deswegen bekommt Gerolf sie nicht von seinen Eltern.

Moni hat gespart. Mehr als ein halbes Jahr lang, und sie hat sich bei einer Freundin Geld geliehen. Sie freut sich. Ist aufgeregt. Was wird Gerolf sagen?

Wie immer kommt er zu spät. Sie hätte oben warten können, in der Wohnung, dann würden ihr hier im Schnee nicht die Füße abfrieren. Aber Gerolf will nicht klingeln. Will er einfach nicht. Er ist manchmal merkwürdig; er hatte keine leichte Kindheit.

Moni wartet und stampft mit den Füßen auf, um warm zu bleiben. Was nicht gut funktioniert. Gerolf kommt eine halbe Stunde später als vereinbart. Er prescht heran wie ein Rennfahrer, sein Lächeln blendet Moni. Wenn er lächelt, ist er guter Stimmung. Sie merkt, wie die Freude, die sie die ganze Zeit vorsichtig zurückgehalten hat, sich mit Macht Bahn bricht. Sie hat den ganzen Weihnachtsabend lang Gerolf für sich.

Er hält, sie öffnet die Beifahrertür und steigt ein.

»Küsschen, Süße!«

»Hi, Gerolf!« Sie küsst ihn auf die Lippen. Er schmeckt nach Rauch.

Gerolf gibt Gas und sie fahren in die Fränkische Schweiz, zur Villa seiner Eltern. Sie sind im Skiurlaub, kommen erst morgen zurück.

Die Villa liegt einsam, der Schnee türmt sich hoch am Straßenrand. Gerolf fährt in die Garage. Die Gegend liegt dunkel, der nächste Ort ist weit weg. Es schneit leicht, die Straßenlaternen tragen dicke Hauben. Gelbes Licht strömt über den Schnee. Blitzartig muss Moni an ihre Mutter denken, an die kleine Wohnung, das Kerzenlicht, die Straße unter ihren Fenstern, wo die Wagen der Nachbarn parken.

Im Haus ist es warm. Gerolf kickt die Schuhe weg. Er hilft Moni aus dem Mantel, wirft ihn auf den Garderobenständer. Sie gehen ins Wohnzimmer. Im Kamin brennt Feuer. Gerolf schleudert ein paar Scheite hinein. In der Ecke steht ein Weihnachtsbaum. Er ist von oben bis unten mit weißen Kugeln geschmückt. Nur weiße Kugeln, große und kleine, und eine kunstvoll geblasene Spitze ganz oben.

»Setz dich.«

Er hat Champagner gekauft. Schenkt zwei Gläser voll. Moni ist glücklich. Sie trinkt, sie lacht. Der Alkohol färbt ihr die Wangen.

»Wärm dich auf«, schnurrt Gerolf an ihrem Ohr. Er schaltet die elektrischen Kerzen am Christbaum ein. Reicht ihr mit großer Geste eine Schachtel. »Pack schon aus.«

Die Schachtel ist nicht viel größer als Monis Handfläche, aber schwer. Sie öffnet den Deckel.

»Gerolf!«

»Cool, was?« Er grinst so stolz wie die Männer in den Filmen, die ihren Angebeteten Schmuck schenken.

Es ist ein Armband. Silber und Smaragde. Kunstvoll

geschmiedet. Wie für Moni gemacht schmiegt es sich an ihr Handgelenk.

»Ich will, dass du das immer trägst!«, flüstert Gerolf in Monis Ohr.

Sie lächelt. Etwas Kaltes greift nach ihrem Herzen, als sie antwortet: »Ich werde es immer tragen.«

6

Bisweilen träume ich komische Dinge. Ich träume, in einer Falle zu sitzen und ausgelöst zu werden von irgendeinem wohlmeinenden Wesen, das ein Geist sein kann oder eine Freundin oder ein No-Name. Um mich auszulösen, muss dieser Geist ein Opfer bringen, mich zum Beispiel gegen einen anderen austauschen, der letzen Endes an meiner Stelle in der Falle hockt. Ich hasse diese Träume, sie reißen mich aus dem Schlaf. Ich nehme nicht an, dass sie konkret was mit der Spielsucht zu tun haben, denn ich hatte sie schon, bevor ich mit dem ganzen Mist anfing.

Die erste Nacht im Haus in Rothenfels; ein Splitter Traum, ein Splitter Wachsein. Ich schwitzte, obwohl es im Zimmer eiskalt war. Als ich aufstand, um die Tür zur Diele zu öffnen, fröstelte ich. Der Holzboden knarrte unter meinen Füßen.

Im Ofen war nur noch Glut, ich schichtete erneut Holz auf. Die Scheite lagen seit Jahren hier herum, und es gab mehr in der Holzlege hinter dem Haus und in der kleinen Scheune im Garten, die mein Vater selbst gebaut hatte. Eines Sommers. Er liebte es, im Wald unseres Nachbarn Wich für Ordnung zu sorgen. Dafür konnte er so viel Holz nehmen, wie er wollte. Bernhard Wich wusste ohnehin, dass wir nur wenige Wochen im Jahr hier sein würden, also konnte er sich seine Großzügigkeit leisten.

Das Feuer zischte, ich ging zurück ins Bett. Die Tür zum Schlafzimmer ließ ich offen. Ich nickte ein.

Etwas anderes riss mich aus dem düsteren Halbschlaf. Keinen Schimmer, wie lange ich geschlafen hatte und ob überhaupt. Ich hörte Schritte.

Moni? Ich richtete mich auf, lauschte. Jemand ging umher. Irgendwo im Haus. Ich schwang die Füße aus dem Bett und tappte hinaus, aber Moni war nicht da. Ich sah in die Küche. Niemand.

Dielen knarrten. Ich fuhr herum, beruhigte mich damit, dass es meine eigenen Schritte waren, die das alte Holz aufschreckten. Wieder warf ich Scheite auf das Feuer. Nahe beim Ofen wurde es schnell mollig warm, während an der Haustür die Kälte der Nacht die Wärme nach draußen saugte.

Ich erinnerte mich, dass wir früher im Winter einen dicken, bodenlangen Vorhang als Windfang hinter der Tür aufgehängt hatten. Warum war der nicht mehr da?

Monis Tür war zu. Rasch warf ich einen Blick aus dem Fenster. Das Dorf lag still und finster da, bis auf den Weihnachtsbaum neben der Kirche, dessen bunte Lichter die ganze Nacht lang glimmen durften. Die kahlen Zweige des Walnussbaumes in meinem Garten hingen traurig herab. Hinter monströsen Wolken lugte ab und zu ein schüchterner Halbmond hervor.

Einmal hatte meine Mutter die Walnüsse geerntet, geknackt, sie gemahlen und Nusssoße für ein Curry daraus gemacht. Sie hatte tagelang nichts anderes getan. So was nannte ich echte Hingabe.

Ich ging zurück ins Bett.

Es war das Bett meiner Eltern gewesen und ich dachte an sie und den Unfall und die Misere der letzten Jahre. Endlich fiel ich in einen leichten Schlaf.

Irgendwann tobte etwas über meinem Kopf. Ich hoffte, es sei ein Traum, aber es war keiner. Direkt über mir trampelte jemand herum. Auf dem Dachboden. Mir brach der Schweiß aus. Ich verfluchte das Haus und meine Idee, hierhergekommen zu sein. Mir fielen die Drums ein und meine Freunde von Skunky Pie. Das war ein anderes, ein besseres Leben gewesen.

Ich verfluchte Piet und seine Anita. Ich wollte ungerecht sein. Jemand anderes musste schuld sein an diesem lausigen 2013, das dem Ende entgegenging. Nicht ich. Auf keinen Fall ich. Jetzt eine Partie Solitär! Nur eine. Unruhig wälzte ich mich hin und her. Der Lärm auf dem Dachboden hörte auf. Irgendein Tier. Ein Marder. Ein Vieh, das clever genug war, überall ein Zuhause zu finden.

7

Als ich am Morgen erwachte, hatte es geschneit. Eine dicke Schicht Weiß bedeckte das Dorf und den Garten. Ich hörte Moni im Bad herumfuhrwerken. Ein kurzer Blick auf die Uhr: schon zehn!

Das Feuer im Kachelofen war vollständig heruntergebrannt. Ich räumte die Asche beiseite und schichtete neues Holz auf, riss eine Zeitung von 2007 in Streifen und hielt ein Streichholz ran. Die Flamme fraß sich rasend schnell durch das Papier. Dann fingen die Scheite Feuer. Zuerst langsam, ich schob mehr Papier nach. Die Kacheln waren noch warm, und ich sah zu, wie das Holz allmählich brannte, immer heller, immer wärmer. Ich schloss die Feuerluke, ging in die Küche und packte die Lebensmittel, die ich mitgebracht hatte, aus.

Moni kam aus dem Bad. Sie hatte sich Gesicht und Hände gewaschen, den blutigen Pulli weggelassen. Darunter hatte sie nur ein Shirt an. Sie war blass, dünn, zerbrechlich.

Auch das noch. Ich war selber nicht in der allerbesten Verfassung. Auf keinen Fall wollte ich Kindergartentante spielen und einen auf fröhlich machen.

»Morgen«, sagte ich. Es klang mürrisch. »Brötchen?«

Sie nickte.

»Im Schrank im Schlafzimmer sind ein paar alte Klamotten. Such dir einen Parka oder so und zieh los, die Bäckerei ist gleich neben der Kirche.«

Sie riss den Mund auf.

»Ich kümmere mich um den Rest«, versprach ich.

Keine Antwort.

»Moni? Hallo?« Ich wedelte mit der Hand vor ihrem Gesicht herum. Sie fuhr zurück. »Ich muss zusehen, hier alles auf Vordermann zu bringen. Du bist eindeutig die richtige Kandidatin für den Brötchenkauf. Es ist wirklich nicht weit.«

»Ich habe kein Geld«, hauchte sie, und dabei wurde sie noch bleicher, weiß wie Käse.

Ich gab ihr zehn Euro. »Bis später!«

Sie fand tatsächlich meinen alten Parka, ein scheußliches, olivfarbenes Teil, das meine Mutter mir vor gefühlten Jahrmillionen zu Weihnachten geschenkt hatte.

Mit schlurfenden Schritten verließ Moni das Haus. Als ginge sie zu ihrer eigenen Beerdigung.

Ich schlüpfte in meinen Anorak und trat vor die Tür. Sah Monis Fußspuren im Schnee, die zum Gartentor führten und sich im Matsch der Straße verloren. Müde blickte ich ins Dorf hinunter. Es war ein klarer Tag, und der Rauch aus den Schornsteinen stieg kerzengerade in die eisige Luft. Die Sonne trat allmählich hinter den Bergen hervor und fiel in die exakt von West nach Ost verlaufende Schlucht, in der der Dorfkern lag. Geblendet kniff ich die Augen zusammen.

In jenem letzten Weihnachtsurlaub mit meinen Eltern

hatte ich darüber geklagt. Wie spät die Sonne aufging im Dezember, wie spät die dünnen Lichtstrahlen über die Bergkette drangen und wie schnell sie hinter der gegenüberliegenden gezackten Linie verschwanden. Ich hatte mich in einem fort beschwert. Lamentiert und gewinselt. Welcher normale Mensch wollte schon seine Ferien in einem solchen Haus an einem solchen Ort verbringen? Warum flogen wir nicht nach Abu Dabi?

Ja, warum eigentlich nicht.

Mit zusammengebissenen Zähnen wandte ich mich um.

Und erstarrte. Direkt vor dem Küchenfenster sah ich Fußspuren. Die Abdrücke schwerer Stiefel in der dünnen Schneeschicht. Jemand war von der Straße her gekommen und um das Haus herumgegangen. Ich folgte den Spuren. Die Kälte kroch mir unter die Klamotten. Ratlos ging ich in die Küche zurück.

Wenig später kam Moni heim. Sie keuchte, als sei sie gerannt. Schließlich musste sie den Berg hinaufstapfen, und das war anstrengend und ungewohnt. Sie ließ die Bäckertüte auf den Tisch fallen, sie riss auf und die Brötchen kullerten raus.

»Immer mit der Ruhe!«, sagte ich überflüssigerweise.

Wir tranken Kaffee und aßen Brötchen mit dem Schlehengelee aus dem Keller. Ich würde richtig einkaufen, wahrscheinlich heute Nachmittag gleich mit dem Wagen losfahren. Falls ich nicht sofort die Fliege machte.

»Was ist denn nun passiert, letzte Nacht?«

Moni saß im Parka am Tisch, in diesem alten, hässlichen, schmutzigen Teil.

»Es war ein Unfall.« Sie flüsterte so leise, dass ich mich vorbeugen musste, um sie zu hören.

»Unfall? Wo? Und wie ist das passiert?«

Piet sagte mir oft, ich hätte das Einfühlungsvermögen einer Amöbe. So sehr ich auch an mir arbeitete – es wurde nicht besser. Also konzentrierte ich mich lieber auf meine Stärken. Leuten Informationen aus der Nase zu ziehen, zum Beispiel.

Sie machte eine Handbewegung, die ins Nirgendwo deutete. »Ich weiß nicht.«

»Woher kam das Blut an deinen Händen?«

Sie zuckte die Achseln.

»Moni, hör mal«, begann ich, bevor mir nichts mehr einfiel.

»Ich kann mich an nichts erinnern«, flüsterte sie. »An gar nichts.«

»Bist du verletzt?« Mir schoss durch den Kopf, dass das Blut vielleicht ihr eigenes war. Selbst wenn die Schramme an der Stirn so dramatisch nicht aussah.

Sie zog das Shirt hoch. Ihre rechte Seite war grün und blau.

»Ach du Scheiße!«

Sie winkte ab, als bedeute das nichts.

»Das sind fiese Blutergüsse, die können eine Thrombose auslösen.«

»Ich kann mich an nichts erinnern«, wiederholte sie. »Da war ein Wagen. Scheinwerfer. Es war hell, taghell auf einmal …« Sie schüttelte den Kopf, stöhnte auf und griff mit beiden Händen an ihren Schädel.

Die Frau stand unter Schock. Sie brauchte Behandlung. Nicht allein wegen der Hämatome. Vielleicht hatte sie sogar eine Gehirnerschütterung.

»Ich fahr dich nach dem Frühstück ins Krankenhaus.« Auf die Art wäre ich sie auch gleich los. Ich musste nämlich nachdenken. Da waren eine Menge Punkte auf der Agenda. Piet und sein Wutausbruch, Anita, meine gescheiterte Ehe und die Frage, wie es weiterginge und womit ich meinem verkorksten Leben Sinn verleihen sollte. Außerdem brauchte ich Geld. Das war der nächste Punkt. Eine Menge mentaler Arbeit, die ich am besten allein verrichtete.

»Nein!« Sie fuhr hoch wie von der Viper gebissen. »Nein!«

»Sei doch vernünftig, diese Verletzungen …«

»Ich will nicht.«

»Okay. Dann fahr ich dich nach Hause.«

Sie schüttelte den Kopf und verzog dabei das Gesicht vor Schmerz.

»Scheiße, Moni! Gibt es eigentlich keinen, der auf dich wartet? Der vor Angst um dich irre wird? Eltern? Freund?«

Sie knetete ihre Lippen. Ich sah die abgebissenen Fingernägel.

»Niemand?«, insistierte ich.

»Vorerst niemand.«

»Huihuihui.« Ich lehnte mich zurück. Das sah nach Ärger aus. Vermutlich für mich auch.

»Kann ich eine Weile hierbleiben?«, fragte sie. Dabei sah sie mich an, aus grauen Augen, die zu glimmen schienen, als hätte jemand ein Teelicht dahinter angezündet.

»Wie lang wäre eine Weile?«

Sie hob die Schultern. Strich eine blonde Strähne hinters Ohr.

»Ich könnte mich nützlich machen.«

»Holz hacken?«, fragte ich hämisch. Sie sah so aus, als könnte ein energisches ›grüß Gott‹ sie aus den Schuhen hauen.

»Kochen. Putzen. Waschen.«

»Ich bin hier, um mich zu besinnen«, warf ich ein. »Außerdem brauche ich keine Haushälterin. Und mir ist das zu heikel. Gedächtnisverlust, glaubst du, der kommt von ungefähr? Du solltest dich echt untersuchen lassen. Kopfverletzungen sind unter Umständen verborgen, lösen irgendwelche inneren Blutungen aus.« Ich redete wie ein Buch. Versuchte, die Frau mit Anstand loszuwerden.

Jemand klopfte an die Tür.

Moni schrie auf. Sie begann zu zittern wie Espenlaub.

»Cool bleiben«, sagte ich nur und ging zur Tür.

»Grüß dich, Ilsa!« Bernhard Wich, der Nachbar, stand vor der Tür, an der Leine tänzelte sein Boxer. »Hab ich doch geahnt, dass du hier bist. Astor hat heute Nacht kurz angeschlagen«, er wies auf seinen Hund, »und dann musste er raus, er hat gekotzt. Stell dir vor, ein kotzender Hund.«

Ich lachte pflichtbewusst. »Kaffee?«

»Warum nicht.« Er folgte mir in die Küche.

Moni stand am Spülbecken, als sei sie bereit, durch das dahinter befindliche Fenster zu springen.

»Ach. Du hast Besuch«, stellte Wich fest.

»Das ist Moni«, stellte ich vor. »Eine … Freundin aus Berlin.«

Sie nickte schwach.

»Und das ist Bernhard Wich, Nachbar und alter Kumpel der Familie«, machte ich weiter, während ich ihm eine Tasse Kaffee hinstellte.

»Hier wäre noch Astor. Boxer mit Magenverstimmung.« Er grinste und ließ sich auf einen Stuhl fallen. »Jedenfalls habe ich gegen vier heute Morgen den Hund rausgelassen und festgestellt, dass Rauch aus deinem Schlot kommt. Also bin ich mal rübergetappt. Habe dein Auto gesehen und mir meinen Teil gedacht.«

Ich goss ihm Kaffee ein. Also stammten die Stiefelspuren von ihm.

»Was macht die Kunst, Ilsa?«

Ich seufzte. »Skunky Pie hat sich aufgelöst.«

»Du suchst eine neue Band?«

»Hier werde ich keine finden, was?«

Wich wiegte den Kopf. »Unterschätze das Land nicht. Da passiert einiges. Kleinkunst, Varieté, was weiß ich.«

»Ich bin Drummerin, Wich!« Wir nannten ihn immer beim Nachnamen.

»Ja, ja, verstanden. Du machst also eine kreative Pause. Das ist so üblich bei euch Künstlern, oder?«

»Nenne es eine Durststrecke«, erwiderte ich mit Blick auf Moni. »Moni, wie wär's, legst du ein bisschen Holz nach?«

Sie nickte und verließ die Küche.

»Schüchterne Person«, stellte Wich fest.

»Allerdings. Aber sie braucht ein bisschen … Mitgefühl.«

»Oha. So schlimm?«

»Hatte einen Unfall. Probleme mit Freund und so«, fantasierte ich.

»Himmel! Dass ihr jungen Leute einfach nicht richtig in die Gänge kommt. Hat sie daher die Schramme?«

Ich zuckte die Schultern. »Keinen Schimmer.«

»Wie geht's deinem Mann?«

»Falsche Frage.«

Er hob die Augenbrauen. »Also, ich sage ja immer …«

»Bist du seit Neuestem Partnerschafts-Experte? Nie verheiratet gewesen, kein Kind, kein Kegel«, unterbrach ich.

Er lachte und tätschelte dem Boxer die Flanke. »Gut gesagt, Ilsa. Ich halte mich an die Hunde.«

Solange ich Wich kannte, hielt er sich einen Hund. Einen Boxer. Die agilen Tiere forderten ihn heraus. So auch Astor. Er bebte vor Tatendrang. Trotz Magenverstimmung.

»Mein Kumpel wird nervös«, sagte Wich. »Ich geh lieber. Danke für den Kaffee.«

»War eigentlich alles in Ordnung mit dem Haus?«

»Sicher. Gute alte Bauweise. Da geht nichts kaputt. Es ist andererseits natürlich nicht falsch, wenn du ein paar Sachen reparieren lässt. Die zwei Treppenstufen zur Haustür zum Beispiel. Bröckeln am Rand. An der Wand beim Bad sind auch ein paar feuchte Stellen. Nicht die richtige Jahreszeit jetzt, um sich drum zu kümmern, aber behalte die Hütte im Auge.«

»Irgendwo waren Katzen«, sagte ich.

»Katzen?«

»Es roch nach Katzenpisse, als ich gestern Nacht die Tür aufgeschlossen habe.«

»Komisch. Astor riecht jedes Katzenvieh auf mehrere Kilometer.« Wich kraulte dem Hund den Kopf. »Aber die Marder sind eine echte Plage geworden.«

»Nachts hat es auf dem Dachboden rumort«, fing ich an. »Könnte das ein Marder gewesen sein?«

»Siehst du!« Wich nickte begeistert. »Ich habe auch einen. Die Viecher sind nicht zu vertreiben. Und selbst mein vierbeiniger Freund hat sich mit ihnen arrangiert. Man hat Respekt voreinander.«

»Wie alt ist dein Hund?«

»Zwei. Noch ein richtiger Teenager.« Wich lachte. »Ja, Ilsa, wir haben uns lange nicht gesehen. Naja, bei Gelegenheit müssen wir mal ausgiebig plaudern.«

Als ich ihn zur Tür begleitete, stand Moni am Kachelofen, starr wie ein Brett. Ich warf ihr einen Blick zu.

»Deine Freundin ist ein bisschen … speziell«, bemerkte mein Nachbar auf halbem Weg zum Gartentor.

»Sie hat Angst vor Hunden.«

»Ach so. Seltsam. Na, soll es geben.« Er hob die Hand zum Abschied.

8

Als Jenna aus dem Nebel der Schlafmittel erwachte, kamen die Schmerzen zurück. Sie hob den Kopf, um auf die Uhr zu sehen. Nach zehn! Anca musste schon hier sein. Jenna wälzte sich auf die rechte Seite. Die war weniger zugerichtet als die linke. Sie blieb eine Weile so liegen und zwang ihren Atem zu gleichmäßigen Zügen.

Es half nichts, wenn sie durchdrehte. Sie hatte diese Dinge so oft durchgestanden, dass es auf ein Mal mehr nicht ankam.

Sobald sie sicher war, dass sie aufstehen konnte, ohne umzukippen, schwang sie die Beine über den Bettrand. Sie ächzte vor Schmerz, stützte sich mit der rechten Hand ab und erkannte, dass es ein Fehler war. Er musste ihr das Handgelenk verdreht haben. Sie neigte dazu, sich zu wehren, obwohl sie längst wusste, dass es keinen Sinn hatte und der nächste Morgen weniger Schmerzen mit sich bringen würde, wenn sie sich zusammenrollte und die Schläge auf sich herabprasseln ließ. Doch es gab diese Reflexe. Reaktionen aus dem Nichts, die sie nicht planen konnte und nie im Griff hatte.

Jenna stand auf, griff nach ihrem Morgenmantel und trat ans Fenster.

In der Nacht musste es weitergeschneit haben. Anca hatte nur einen schmalen Pfad zur Haustür gespurt.

Jemand kam den Gartenweg herauf. Ein grobschlächtiger Mann mit einer gestrickten Mütze. Jenna kniff die Augen zusammen. Der Mann blieb stehen und ließ seinen Blick über die Fassade des Hauses gleiten, als wolle er den Wert einer Immobilie einschätzen. Unwillkürlich trat Jenna einen Schritt zurück. Fröstelnd zog sie den Morgenrock enger um sich. Sie sehnte sich nach einem Glas Tee. Vielleicht würde Anca ihr in der Küche Gesellschaft leisten. Früher einmal hatte Jenna Freundinnen gehabt, die sie um Wilhelm beneideten und das mondäne Leben, das er ihr ermöglichte. Das große Haus mit dem prächtigen Grundstück am Wald. Die Reisen. Das Prestige. Der luxuriöse Zweitwagen. Niemand hatte seinerzeit erkannt, dass das wunderbare Bild des Traummannes nichts als eine banale Täuschung war. Jenna hatte sich von dieser Illusion längst gelöst. Freundinnen hatte sie keine mehr.

Der Mann schien sich mit einer oberflächlichen Inspektion des Hauses zufriedenzugeben. Er setzte seinen Weg zur Haustür fort. Kurze Zeit später tönte die Türglocke.

Jenna verließ das Schlafzimmer auf Zehenspitzen und hastete den Gang hinunter. Im Treppenhaus lehnte sie sich über das Geländer.

»Walter Häusler mein Name.« Die Stimme war wohltönend. Tief, männlich. »Herr Bednarz erwartet mich.«

»Einen kleinen Augenblick bitte«, erwiderte Anca.

Kurz darauf hörte Jenna, wie Wilhelm aus dem Arbeitszimmer stürmte. Eine Begrüßung sparte er sich. »Da sind Sie ja. Kommen Sie. Es ist dringend.«

Die Schritte der Männer verklangen, doch bevor Wilhelm die Tür schloss, hörte Jenna ihn sagen: »Ich muss um absolute Diskretion bitten. Vor allem meiner Frau gegenüber.«

Jenna fasste sich an die Schläfen. Die Ereignisse der gestrigen Nacht kamen bruchstückhaft in ihr hoch. Als sei sie ein Computer, der zögernd die Programme lud, die ein ungeduldiger Nutzer ihm abringen wollte. Der Abend an der Uni. Die Antrittsvorlesung der Nuklearforscherin. Jenna erinnerte sich plötzlich, wie kalt ihre Füße auf der Rückfahrt im Auto gewesen waren. Sie hatte sich auf ein Glas Grog gefreut. Aber dann war Wilhelm über sie hergefallen. Weil er Gerolf erfolglos zu erreichen versuchte. Natürlich gab er ihr die Schuld an der Situation. Er war völlig von der Rolle! Als wenn ihr Sohn nicht schon häufig abgetaucht wäre, sich wochenlang nicht bei seinen Eltern sehen ließe!

Jenna stöhnte leise. Die unverletzte Hand tastete über die Wand, während sie ins Schlafzimmer zurückging. Wo war Gerolf? Und warum lag Wilhelm auf einmal so viel daran, seinen Sohn zu sehen? Gab er sich nicht sonst auch mit den seltenen Besuchen zufrieden? Sie rief über das Haustelefon in der Küche an und bat Anca um eine Tasse Darjeeling. Anschließend legte sie sich ins Bett. Eine unbestimmte Angst kroch in ihr hoch. Was, wenn ihrem Jungen etwas zugestoßen war?

Wenige Minuten später klopfte das Hausmädchen.

»Kommen Sie rein.«

»Guten Morgen, Frau Bednarz.«

»Guten Morgen, Anca.« Jenna wartete, bis Anca die

dampfende Tasse abgestellt hatte, dann fragte sie: »Ist das Auto meines Sohnes im Carport? Sie parken ja jeden Morgen davor.«

»Nein, Frau Bednarz, sein Wagen steht nicht dort.«

Jenna betrachtete die Tasse. »Er hat sich seit einer Ewigkeit nicht gemeldet. Mein Mann ist deswegen ganz nervös.«

»Ist Ihr Sohn um diese Zeit nicht in der Uni?«

Was wusste denn Jenna, wo der Junge sich herumtrieb! Natürlich, er spielte seine Rolle, wie sie selbst auch, um den Vater einzulullen. Um seine Ruhe zu haben und unbeschadet durch die Tage zu kommen.

»Die jungen Leute genießen eben ihre Freiheit«, fuhr Anca leichthin fort, während sie ein paar herumliegende Kleidungsstücke einsammelte. »Darum wollte er ja unbedingt ein Zimmer im Studentenwohnheim, nicht wahr? Wer könnte das nicht verstehen!«

Blitzartig sauste ein Gedanke durch Jennas Kopf. Wie ein Meteorit, der verglühte, bevor man seinen Lichtstrahl wahrnahm. Wie es wohl wäre, wenn sie ein Zimmer irgendwo hätte? Ein winziges, eigenes Zimmer mit einem eigenen Schlüssel. In einem Wohnheim. In der tristesten Gegend einer unbekannten Stadt. Aber ihr eigener Ort.

Jenna straffte die Schultern. Sie würde ihrem Sohn den Gefallen gern tun. Für seinen Traum eintreten, das normale, ungebundene Leben eines Studenten zu führen.

Jenna griff nach der Teetasse. Das Dienstmädchen stand immer noch im Raum. Sie schien auf Anweisungen zu warten. Wie üblich zeigte ihre Miene keine Gemütsregung. Anca wirkte stoisch wie immer.

Jenna beneidete ihre Angestellte. Sie würde heute Abend um sechs das Haus verlassen und ihr eigenes Leben leben. Sich um ihre kleine Tochter kümmern, fernsehen, etwas kochen oder eine Freundin treffen. Normale Dinge, die normale Leute taten, die ihre eigenen Wohnungen hatten.

»Ich habe nur … nun, als Mutter macht man sich immer die finstersten Gedanken, nicht wahr?«

»Keine Sorge, Frau Bednarz. Warum sollte Gerolf etwas passiert sein? Junge Männer in dem Alter sind unverwundbar.«

Sie hat recht, dachte Jenna. Er meldet sich eben nicht. Das ist ja sein üblicher Umgang mit uns.

»Würden Sie mir den Laptop rüberreichen?«, bat sie, während sie die Teetasse abstellte.

Schweigend brachte das Dienstmädchen ihr den Computer.

»Danke. Sie können jetzt gehen.«

Als sie allein war, klickte Jenna die Google-Suche an und gab den Namen ›Walter Häusler‹ ein. Erstaunt sah sie unter den ersten Ergebnissen eine Detektei, die auf den gleichen Namen lautete. Ermittlungen. Diskretion. Vertrauen. Jenna überflog die Stichwörter. Dann war da ein Bild, das ein Passfoto hätte sein können. Es zeigte den Mann, der vor einer Viertelstunde den Gartenweg entlanggekommen war. Jenna klappte den Laptop zu und stand auf. Sie trat ans Fenster, lehnte ihre Stirn an die eiskalte Scheibe und sah hinaus.

Ihr Sohn musste in Schwierigkeiten sein! Wilhelm wusste irgendetwas, das er ihr nicht sagte, etwas, was ihn so unglaublich nervös machte, dass er vor Sorge um seinen Sohn einen Detektiv anheuerte. Die Schmerzen überrumpelten sie mit einer Plötzlichkeit, die sie entsetzte. Sie hätte gerne noch ein paar Tabletten aus dem Nachtkästchen genommen, um wieder einzuschlafen und über nichts nachdenken zu müssen. Aber sie fühlte sich zu schwach, um vom Fenster wegzutreten. Sie stand nur da und starrte in die weiße Landschaft hinaus, auf die verschneiten Berge und den frostigen Dunst, der über allem lag. Ein paar dünne Schneeflocken wirbelten durch die Luft. Ihr Handgelenk brannte. Sie wollte sich gerade abwenden, als die Haustür klickte. Jenna zuckte zurück.

Walter Häusler eilte so schnell, wie sein korpulenter Körperbau es ihm erlaubte, den Gartenweg hinunter.

Jenna schleppte sich zum Bett und drückte drei Tabletten aus dem Blister.

9

Menschen, die Angst haben, senden eine Botschaft aus. Ein beinahe unsichtbares Zittern, das Signal, dass sie ein Opfer sein könnten. Hunde sind dafür bekannt, genau diese Signale sofort zu erkennen und zu ihrem Vorteil zu nutzen.

Moni jedenfalls schwitzte die Angst aus jeder Pore. Sie schien zu frieren, umklammerte ihren Oberkörper mit den Armen, gleichzeitig glänzte ein dünner Schweißfilm auf ihrer Stirn, und die Haare an ihren Schläfen waren feucht. In dem Zustand hockte sie auf ihrem Bett, das einmal meines gewesen war. Ich sah ab und an zu ihr hinein, um sicherzugehen, dass sie nicht irgendwas Seltsames anstellte. Ehrlich, sie war mir unheimlich.

Während ich mein Zimmer einrichtete, das Bett bezog und meinen Rucksack auspackte, fragte ich mich, ob die Sache mit dem Unfall überhaupt stimmte. Aber das Blut an den Händen ... woher sollte es sonst gekommen sein? Mir war nicht wohl bei der Sache, spürte jedoch, dass es gar nichts brachte, sie zu bedrängen. Sie würde sich nur noch weiter verschließen. Vielleicht machte eine Flasche Rotwein sie gesprächig. Ich stellte die Congas auf den Schreibtisch meines Vaters. Ich hatte damals die Schubladen ausgeräumt auf der Suche nach wichtigen

Papieren, aber natürlich hatte er im Ferienhaus nichts Wesentliches aufbewahrt, nicht einmal eine Rechnung oder einen Kassenbon. Lediglich einen Skizzenblock, ein paar zerlesene Bücher und Musikkassetten. Mein Vater stammte aus einer Generation, in der Kassetten innovativ waren.

Ich setzte mich aufs Bett. Die Tür zur Diele stand offen, damit die Wärme des Ofens hereinkam. Ich konnte Moni unmöglich rausschmeißen. Solche Sachen gebe ich ungern zu – ich war tatsächlich fast froh, nicht allein zu sein. Wer weiß, auf welche Ideen ich in der Einsamkeit kommen würde. Irgendwann bekam ich womöglich den Rappel und fuhr in ein Casino. Doch dann fiel mir ein, dass ich in der fränkischen Pampa festsaß. Zwar mit einem Auto, sogar mit Winterreifen, aber es schneite erneut, und der Berg hinunter in den Ort und zur Bundesstraße war steil. Runter kam ich vermutlich, rauf jedoch nicht mehr.

Das war meinen Eltern auch mal passiert. Der Wagen drehte sich irgendwo in einer Kurve und steckte im Schneematsch. Da war nichts mehr zu machen. Ein Bauer schleppte das Auto schließlich mit seinem Traktor bis zum Ferienhaus.

Während ich daran dachte, machte sich ein nostalgisches Gefühl in mir breit. Seltsam. Damals hatte ich das Dorf mit der vereisten, steilen Straße beängstigend gefunden.

Ich war kein Mensch, der die Natur besonders mochte. Ich liebte Städte. Ich genoss es, vom Schlafzimmer aus eine Kreuzung mit Ampeln zu sehen. Deswegen fand ich die Idee mit dem Ferienhaus in der Fränkischen Schweiz abstrus. Meine Mutter stimmte mir zu, aber sie hing eben an meinem Vater und so trug sie den Plan mit. Oft sagte sie, es wäre ja nicht die schlechteste Motivation, etwas aus Liebe zu tun. Sie wusste ohnehin, dass mein Vater seine Strategien oft änderte. Wahrscheinlich sah sie nicht die geringste Gefahr, als Rentnerin immer noch in dem Holzhaus am Felsen zu sitzen, denn bis dahin würde mein Vater ein paar neue Ideen ausgebrütet haben. Oder zur Abwechslung mal sie selbst.

Ich strich mir das Haar aus dem Gesicht. Stand auf. Ich wollte daran jetzt nicht denken. Genauso wenig wie an Unfälle.

»Moni?«, rief ich.

Sie saß noch immer unbewegt da und starrte durch das Fenster in die weiße Wüstenei eines tristen Wintertages. Ich klopfte leise an den Türrahmen. Sie schrak zusammen.

»He, keine Panik. Ich muss einkaufen. Mit den paar Vorräten, die ich aus Berlin mitgebracht habe, kommen wir nicht weit, und das Wetter«, ich wies aus dem Fenster, »wird keinesfalls besser. Also lieber vorsorgen.«

»Ich bleibe hier.«

In meinem Hinterkopf formte sich eine kleine, rote Kugel.

»Weißt du, sich bedienen lassen, das ist nicht. Auf geht's.«

»Ich möchte lieber nicht.«

Die rote Kugel wärmte sich schnell auf. Sie wurde heiß, und sobald sie zu glühen begann, würde ich sie nicht mehr unter Kontrolle halten können. Piet nannte den daraus entstehenden Zustand ›Jähzorn‹. Seit Skunky Pie ein Ende gefunden hatte, wurde ich seiner nicht mehr Herr.

»Pass auf«, versuchte ich die Beherrschung zu wahren. »Es ist okay, wenn du ein paar Tage bleibst, bevor dein Gedächtnis die Information wieder freigibt, wo du hingehörst. Aber bis dahin bin ich nicht allein für alles zuständig.«

»Ich kann dafür sorgen, dass der Ofen nicht ausgeht.« Ihre Stimme war ein dünnes Fiepen. Ein leichter Gegner.

»Wir haben Kohlen, ich lege eine rein, und der Ofen glüht schön weiter, bis wir zurück sind.« Um mich zu veralbern, musste sie schon früher aufstehen.

Meine Finger begannen zu zucken. Ich spürte die Nervosität, die sich so leicht mit einem kleinen Spiel in die Schranken weisen ließe. Abtauchen und andere, wichtigere Dinge tun. Spielen, zum Beispiel, um damit Geld zu verdienen.

Oder drummen.

Haha, dachte ich. Mit dem Spielen verdiente man nicht. Selbst wenn es zuerst so aussah. Wenn man die Hoffnung darauf nie aufgab. Man träumte davon, mit dem Spielen Millionen zu machen und es anschließend aufgeben zu können wie einen lästigen Job.

Ich verbot mir sämtliche weiteren Gedanken. Ich würde jetzt erst mal einkaufen. Leben in kleinen Schritten.

»Mach hinne!«, befahl ich, schlüpfte in Anorak und Stiefel und schnappte mir den Autoschlüssel.

Sie kam tatsächlich mit.

Wir rutschten den Berg nach Rothenfels hinunter und bogen Richtung Forchheim ab. Es kam mir so vor, als wenn Moni die Ortsschilder mit Misstrauen betrachtete, aber ich konnte mich täuschen, schließlich musste ich mich auf die Straße konzentrieren.

»Gehört das Haus dir?«, fragte Moni plötzlich.

»Ja. Ich habe es von meinen Eltern geerbt.«

»Oh.« Sie schwieg eine ganze Weile. Ich sagte auch nichts. Ein Wort war genug. Erben konnte man nur, wenn jemand tot war. Um über den Tod zu reden, hatte ich wiederum keine Kraft. Und keine Veranlassung.

Die Bundesstraße war leidlich geräumt. Die LKWs, die mir entgegenkamen, donnerten mit halsbrecherischer Geschwindigkeit auf der engen Fahrbahn dahin. Streusalz spritzte auf, schlug gegen die Windschutzscheibe.

»Haben deine Eltern das Haus auch geerbt?«, fragte Moni schließlich. »Es ist ja ziemlich alt, oder?«

»Sie haben es gekauft. Es stimmt, das Haus hat locker 150 Jahre auf dem Buckel.« Ich überholte einen Traktor und merkte, wie Moni sich an ihrem Sitz festklammerte. »Es war so ein Traum von meinem Vater. Landleben. Autark sein. Er hatte entsprechende Pläne.«

»War er Landwirt?«, fragte Moni verwundert.

»Mein Vater war Lehrer. An einem Gymnasium in Nürnberg. Meine Mutter arbeitete dort als Sekretärin. So haben sie sich kennengelernt.« Ja, meine Eltern waren ziemliche Spießer. Heute fand ich das nicht mehr schlimm.

Die drei Wortwechsel waren unsere ganze Unterhaltung, bis wir in Ebermannstadt am Supermarkt hielten. Mir fiel auf, dass Moni sich aufmerksam umsah, bevor sie ausstieg. Zuvor stülpte sie sich noch die Kapuze über den Kopf.

Eigentlich ging ich ganz gern einkaufen. Solange es keine Diskussionen gab. Piet und ich gaben im Supermarkt ein witziges Paar ab. Schweigend gingen wir durch die Gänge, und jeder legte in den Wagen, was ihm gefiel. Zu Hause improvisierten wir mit dem kunterbunten Zeug. Ich beobachtete oft andere Paare beim Einkaufen, die wegen einer Schachtel Camembert stundenlang diskutierten. Fettanteil, Haltbarkeitsdatum, Biosiegel. Du lieber Himmel.

Während wir an den Regalen entlangschlenderten, sagte Moni nichts und legte nichts in den Wagen. Sie ging dicht neben mir her, als habe sie Angst, mich irgendwo in dem fallenartigen Aufbau des Supermarktes zu verlieren.

Milch. Rotwein. Brot. Käse, Wurst. Gemüse, Reis. Sojasoße. Scharfe Gewürze. Das volle Programm. Ich entdeckte ein Regal mit Zutaten für die fernöstliche Küche und griff beherzt zu. An der Fleischtheke orderte ich Lamm, Rind und Hähnchen. Wich würde mich bestimmt seine Tiefkühltruhe benutzen lassen. Wie in der guten alten Zeit.

An der Kasse lud ich meine Ausbeute auf das Band, während die Kundin vor mir, eine alte Dame mit Sehschwäche, ihr Kleingeld zählte. Sie brauchte ziemlich lange. Zuerst, um die vielen Münzen aus ihrer Geldbörse zu fummeln, und schließlich noch einmal so lang, um sie zu zählen.

Moni stand dicht hinter mir.

Und dann, aus heiterem Himmel, begann sie zu schreien.

Sie schrie ohne Unterlass, ein einziges, nervenzerfetzendes Kreischen, das, wann immer sie Luft holte, jaulend verebbte, um sofort wieder einzusetzen.

Der Supermarkt erstarrte. Zumindest die Leute, die an den Kassen anstanden, die Kassiererinnen und sämtliche Kunden, die gerade ihren Kram in Tüten packten. Ich wandte mich um. Da stand Moni, die ich noch nicht einmal 24 Stunden kannte, das Gesicht so weiß, als würde sie sofort ohnmächtig, umrahmt von blonden Strähnen und einer schmutzigen Parka-Kapuze, ihr Gesicht ein rundes ›O‹.

»Moni!« Ich packte sie an der Schulter. »He, bist du plemplem?«

Um uns herum knisterte die Atmosphäre. Die Leute lauerten auf irgend etwas Spannendes, auf etwas, das sie zu Hause erzählen konnten, eine Story, die sie vergessen ließ, dass sie schon zum hunderttausendsten Mal die gleiche Sorte Salami in den Kühlschrank räumten und das viele Jahre noch tun würden.

Eine Menge aufputschende Substanzen raste durch meine Blutgefäße. Ich holte aus und klebte Moni eine. Nicht besonders fest, das hätte ich schwören können, aber meine Handfläche brannte wie Feuer. Sofort zeichnete sich auf ihrem Gesicht ein riesiger roter Fleck ab.

Rohe Gewalt funktionierte. Sie verstummte.

»Hilf mir lieber«, sagte ich, eifrig darauf erpicht, die Situation zu entschärfen, während mein Herz versuchte, sich von seinem Schleudertrauma zu erholen. Alle, absolut alle Menschen in diesem Supermarkt, die nicht hinter einem Regal in Deckung gegangen waren, glotzten uns mit feuchten Lefzen an.

Ich hasse es, angeglotzt zu werden. Ich mag die Blicke des Publikums, wenn ich drumme. Aber das ist anders. Es ist nicht dieses kalte, ölige, fiese Schweigen, in dem sich mehr schlecht als recht die Gier verbirgt, der Vernichtung eines Artgenossen beiwohnen zu können. Weil das noch viel interessanter wäre als alles, was du bisher gesehen hast.

Moni gehorchte. Sie nahm die letzte Packung Käse aus dem Wagen und legte sie auf das Band.

»Und Sie?«, fragte ich die Kassierin, deren Mund halb offen stand. »Noch nie vom Trauma-Schrei-Syndrom gehört?«

Sie starrte mich an. Ihre Lider flatterten.

»Meine Freundin war Soldatin in Afghanistan. Jawohl, auch Ihre Freiheit wird am Hindukusch verteidigt!«, schwadronierte ich. Argumente dieser Art sind mir zuwider, und ich glaube weder an die Verteidigung der Freiheit noch an irgendeinen Sinn hinter dem Bundeswehreinsatz in Afghanistan, aber es war das Erstbeste, was mir einfiel. In den Medien wurde man ohnehin permanent mit absurden Argumenten abgespeist. Die Kassiererin, an Dauerberieselung gewöhnt, gab sich zufrieden.

Moni sah mich an, ihre grauen Augen glitzerten in einer Mischung aus Panik und Dankbarkeit.

»Ach so.« Die Kassiererin begann, meine Einkäufe über den Scanner zu ziehen.

Unsere Einkäufe. Ab jetzt waren Moni und ich ein Team.

Als wir auf den Parkplatz traten, war es wieder dämmrig. Ich überlegte, ob ich später am Abend die Supermarktkassen räubern könnte, um mich nach Dubai abzusetzen. Natürlich war es nur so ein Gedanke. Seit ich dem Spielen entsagt habe, drängt sich mir der Fluchtinstinkt eben in anderer Gestalt auf.

Während ich die Einkäufe im Kofferraum verstaute, stand Moni starr neben dem Wagen und ließ den Blick über den Parkplatz schweifen. Es war nicht viel los. Nur die Hälfte der Plätze war besetzt. Eine Frau hievte ein kleines Mädchen auf den Kindersitz des Einkaufswagens, das sich sofort krümmte und herumplärrte und runter wollte. Ein übergewichtiger Typ schleppte seine Kilos in den Supermarkt. Er trug eine Kapuze, hatte die Hände in die Taschen seiner Jacke gebohrt. Niemand wollte hier sein. Supermärkte mitsamt ihren Parkplätzen sind ätzende Orte, die jeder billigend in Kauf nimmt, aber so schnell wie möglich verlassen will.

Es schneite. Die gelben Laternen schalteten sich ein, und ich sah die eigentümlich orange leuchtenden Flocken wie schwerelos zu Boden schweben.

10

Im Schein des Kaminfeuers funkeln die Smaragde an ihrem neuen Armband in geheimnisvollem Grün. Verliebt betrachtet sie die kunstvoll gefassten Steine. Sie spürt, wie Gerolf neben ihr vor Stolz anschwillt.

»Es ist wunderschön«, flüstert Moni.

»Weiß ich.« Er schenkt Champagner nach. Moni knurrt der Magen. Sie hat bei ihrer Mutter bis auf ein paar Plätzchen nichts gegessen. Gerolf sagte etwas von gemeinsamem Kochen. Der Alkohol verursacht ihr bereits Kopfschmerzen, doch sie beklagt sich nicht. Stattdessen reicht sie Gerolf ihr Paket. »Das ist ein bisschen größer.«

»Was soll das denn heißen!« Gerolf schaut Moni mit gerunzelten Brauen an.

Es sollte nichts heißen, es war nur so dahingesagt, Monis Mund entschlüpft. Etwas, das nicht passieren darf. Sie muss die Wörter im Griff behalten, alles andere kann die Stimmung sehr schnell in den Keller rutschen lassen.

»Gar nichts«, beeilt sie sich zu versichern. »Überhaupt nichts. Nur, dass du dich nicht ärgern sollst, weil es so sperrig ist.«

»Pffff!«, macht Gerolf verächtlich. Er nimmt ihr das Paket aus der Hand, reißt das Papier, das sie so sorgfältig ausgesucht hat, achtlos ab. An den Schmalseiten hat sie extra viel Tesa verwendet. Gerolf rupft ungeduldig daran herum. Die Box kommt zum Vorschein. Die Original-Geschenkbox mit der Norwegerflagge. Gerolf wirft das Papier hinter sich und öffnet die Schachtel. Er nimmt die Jacke heraus.

»Cool!« Er wirft sie auf das Sofa und trinkt einen großen Schluck Champagner.

»Es müsste deine Größe sein«, sagt Moni. »Du kannst sie selbstverständlich umtauschen, wenn sie zu knapp ausfällt.«

»Jaja.« Gerolf steht auf, kippt den Rest des Champagners hinunter, nimmt die Norweger-Geschenkbox, für die Moni fünf Euro extra gezahlt hat, und schleudert sie in den Kamin. Die Flammen färben sich blau, als sie an dem bunten Karton lecken.

Gerolf packt Moni an den Schultern und zieht sie zu sich hoch. Kurz steigt Nebel in Monis Kopf auf. Er küsst sie hart auf den Mund.

»Du weißt, dass das ein besonderes Weihnachten ist?«

»Ja.«

»Es ist unser erstes gemeinsames Weihnachten. Nur wir beide.« Er lacht.

»Ja.«

»Von nun an wird es immer so sein, Moni.«

Freude kommt in Moni hoch, sie perlt wie der Champagner. Lächelnd erwidert sie: »Ja. Wir gehören zusammen, Gerolf.«

Er nickt ernst. »Du gehörst mir. Und Weihnachten ist unser Fest.«

Sie lehnt den Kopf an seine Schulter. Sie tut es, weil sie sich damit einer Antwort entzieht. Ihr Kopf an seiner Schulter *ist* eine Antwort. Behutsam legt sie die Arme um seine Hüften. Das Armband ist schwer. Es wird alles gut werden mit Gerolf. Sie liebt ihn so sehr ... irgendwann wird ihre Liebe ihm das Vertrauen ins Leben geben, das seine Eltern ihm nicht vermitteln konnten.

Gerolf erwidert ihre Umarmung und fährt mit den Händen unter ihren Pulli. Ihr wird heiß. Der Champagner, die Aufregung, das Feuer. Aus den Augenwinkeln sieht sie, dass die Schachtel längst verbrannt ist. Ihr Magen knurrt. Gerolf streift ihr den Pulli über den Kopf. Er schiebt sie von sich weg und fährt langsam mit dem Zeigefinger über ihre nackten Arme.

»Ich mag Frauen, die sich ein bisschen herrichten«, sagt er.

Panik kommt in Moni hoch. Urplötzlich. Ihr Magen zieht sich zusammen. Vor Hunger. Vor Angst. Sie trägt ein wollenes Unterhemd unter dem Pulli. Sogar eine Strumpfhose unter den Jeans.

»Es ist kalt«, flüstert sie mit einem verlegenen Kichern. »Es ist Winter.«

Gerolf lacht. Das Geräusch, das aus seinem Hals kommt, jagt Moni Furcht ein. »Na, jetzt bist du ja aufgewärmt.«

Er zieht sie aus.

Sie sieht ihn dabei nicht an. Sie lässt ihn tun, was er tun will. Ein Teil von ihr genießt den Moment. Sie spürt die Wärme des Kaminfeuers auf der Haut. Ab und zu knackt ein Scheit. Seine Blicke tun ihr gut auf ihrem nackten Körper. Ein anderer Teil spürt, dass es falsch ist. Nicht nur dieser Abend. Alles. Alles ist falsch.

11

Meine Mutter hatte ein Faible für Currys. Sie mochte sie vor allem wegen der Farben. Leuchtend gelb oder flammend rot mussten sie sein. Manchmal auch grün, mit Erbsenschoten drauf. Sie bekam es hin, dass jedes Curry nicht einfach scharf war, sondern seinen eigenen Geschmack entfaltete.

Während Moni neues Holz in den Kachelofen warf, sortierte ich die Lebensmittel und ging sämtliche Haushaltsutensilien durch. In meiner Ehe mit Piet hatte ich mich selten als Köchin versucht, aber plötzlich überkam mich die Lust, mit Töpfen und Pfannen zu hantieren.

Durch die Wärme des Kachelofens war es in der Küche schön mollig. Ich schlüpfte aus meinem Pulli und warf ihn auf die Eckbank. Im T-Shirt begann ich, die nötigen Zutaten für ein grünes Hähnchencurry zu sortieren. Ich schnupperte am Zitronengras, wusch Thai-Basilikum und Koriander und begann, Ingwer zu reiben. Meine Mutter hatte die Küche wirklich gut ausgestattet. Stück für Stück nahm ich die Gerätschaften in die Hand. Hobel, Messer, Reibe, Quirl, Messbecher. Eine Welle von Nostalgie durchfuhr mich.

Es war nicht so, dass Piet dagegen gewesen wäre, Weihnachten oder Ostern oder einen Sommerurlaub hier zu verbringen. Ich selbst hatte es abgelehnt. Fränkische Schweiz – das hätte ich als Rückschritt gesehen, schließlich gehörte ich zu den Leuten, die es in die Hauptstadt geschafft hatten. Ich schnappte mir den Dosenöffner und traktierte die Dose mit der Kokosmilch. Außerdem hatte ich nie Zeit gehabt. Ich war ja mit Skunky Pie unterwegs. Erfolge einheimsen. Und im Anschluss an die musikalische Karriere war ich am PC damit beschäftigt, Spiele zu verlieren.

Ich legte den Dosenöffner weg, weil meine Hand plötzlich zitterte. Wie hatte ich mir selbst so dermaßen in die Tasche lügen können? Karten auf einem Bildschirm hin und her schieben und dafür auch noch Geld in den Sand setzen! Die blödeste Beschäftigung des Jahrhunderts. Aber ich hatte nicht aufhören können.

Mir brach der Schweiß aus. Niemand konnte verstehen, wie gern ich jetzt spielen würde. Nur eine Runde. Zwei. Drei.

So fing es immer an.

Schweißausbrüche, Herzrasen. Durst.

Ich griff nach der Dose, stellte sie sofort wieder hin. In diesem Zustand mit einem Dosenöffner zu hantieren, war verantwortungslos. Nachgerade lebensgefährlich.

Ich setzte mich an den Küchentisch und betrachtete die drei Flaschen Rotwein, die ich dort aufgestellt hatte. Jetzt ein Glas Wein zur Beruhigung. Daraufhin könnte ich mit dem Kochen anfangen, und die würzigen Düfte des Currys würden mich besänftigen. Dafür sorgen, dass ich wie ein normaler Mensch reagierte.

Ich hatte keinen Computer hier. Kein Internet. Das nächste Casino war weit. Ich. Würde. Nicht. Spielen.

Wenn ein harter Raucher mit seiner Sucht Schluss machen will, so heißt es, muss er mit einer physischen Abhängigkeit von 100 Stunden rechnen. Wenn er die durchhält, ist die Biochemie abgearbeitet, die rein physische Sucht nach Nikotin vorbei; dann nagt bloß noch die Psyche.

Bei Spielsüchtigen gab es kein Nikotin. Es gab allein den Geist. Die Sehnsucht nach ein bisschen Adrenalin im Blut, damit das Leben wichtig, aufregend und sinnvoll wurde.

Mir war zu diesem Zeitpunkt nicht klar, dass ich in Kürze noch zu meiner Dosis Stresshormon kommen würde. Ganz ohne Spielkarten.

Moni tappte herein. Ich hatte sie nicht kommen hören. Irgendwo hatte sie einen Sweater aufgetrieben, ein marineblaues Teil mit Kapuze. Hatte der mal mir gehört?

»Gut, dass du kommst«, sagte ich schwach. »Ich stell mich immer so unbeholfen an. Kannst du den Rotwein aufmachen?«

Sie krempelte ihre Ärmel hoch, griff nach dem Korkenzieher.

Die Haut auf ihren Armen war vollkommen zerschnitten. Längliche, vermutlich nicht allzu tiefe Schnitte. Sie waren am Verheilen, ein bisschen schorfig, aber noch deutlich rot.

»Was ist das?«, fragte ich.

»Was?«

»Da. Auf deinen Armen.«

Mit einem PLOPP zog sie den Korken aus der Flasche, streifte die Ärmel wieder herunter.

»Sag schon, Moni.«

Sie nahm zwei Weinkelche aus dem Schrank. Riesige Teile, die mein Vater in einem Anfall von Wahnsinn auf einem Flohmarkt gekauft hatte.

Ich konnte mich kaum beherrschen. Diese Moni musste einen an der Klatsche haben. Schlitzte sich die Haut auf. Wer weiß, wo sie noch solche Schmucknarben hatte.

Draußen kläffte ein Hund, ganz nah am Haus. Moni fuhr zusammen, ich ging zum Fenster. Wichs Astor hatte ein paar Takte mit einem Husky zu reden, der direkt vor meinem Gartentor im Schnee herumschnüffelte und nun auf den Boxer losging.

Ich zog die Vorhänge zu.

»Gerolf«, sagte Moni.

»Aha.«

»Mein Freund.« Sie goss Wein in die Kelche. Erstaunlicherweise hielt sie ihre Hand ganz ruhig.

»Dein Freund hat dir die Haut zerschlitzt?«, fragte ich ungläubig.

Wir setzten uns an den Tisch, prosteten uns zu.

Ich hatte lange keine Gemeinschaft mehr gespürt. Im Grunde war ich ein einsamer Mensch. Allein mit meinem PC und den anonymen Typen, gegen die ich bisweilen in einem Spielturnier antrat. Angetreten war. Gegen Diddlmaus28 oder Ichbincool13.

Früher, mit Skunky Pie, da begossen wir unsere Auftritte ausgiebig. Wir fingen vor dem Konzert mit einem Ouzo an. So hatte mein Leben eine Zeit lang ausgesehen. Ich war Teil von etwas Größerem. Jetzt war ich

Teil eines alten Hauses, das mein Vater für seinen Traum ausgesucht hatte.

Letzten Endes hatte das Haus für mich keine Bedeutung. Aber im Augenblick hockte ich hier, zusammengewürfelt mit einer gewissen Moni, von der ich nichts wusste, nicht einmal den Nachnamen. Nur, dass sie blutbefleckt in mein Auto gerannt war. Sozusagen.

Wir tranken Wein und starrten auf die Tischplatte.

»Und?«, fragte ich nach einer Weile.

»Gerolf ist ein Kommilitone«, begann sie.

»Du studierst also?«

Kaum erkennbares Kopfnicken.

»Was denn?«

»Jura.«

Na, das war ja zu erwarten. Wenn das Schicksal einem eine lange Nase drehte, dann ordentlich. Ich wollte etwas Gehässiges loswerden, schwieg jedoch.

»Gerolf ist zwei Semester weiter als ich.« Monis Stimme war leise, aber fest. Als fände sie es unerwarteterweise ganz in Ordnung, mit mir zu reden. »Wir haben uns angefreundet. Zuerst ganz zwanglos. Skripten ausgetauscht, zusammen gelernt, mit einer Clique im Café gesessen und diskutiert.«

»Klar.« Ich streckte die Beine aus und lehnte mich zurück. Es ging nichts über eine gute Geschichte.

»Er war immer sehr witzig, konnte alle gut unterhalten. Alles um ihn her war so leicht, fühlte sich an, als könnte es niemals irgendwelche unüberwindlichen Schwierigkeiten geben.«

»Hat er gekifft? Das erinnert mich sehr an unseren

Techniker.« Ich dachte an den Mann, der eine unerträglich gute Laune herauskehrte, sobald er dazu gekommen war, eine zu rauchen. Aber wehe, wenn nicht.

»Nein. Ich glaube nicht.« Moni schüttelte langsam den Kopf. »Sogar ziemlich sicher nicht.«

»Ach!« Ich beugte mich vor. »Warum war er dann so verdammt gut drauf, wenn er nichts genommen hat?«

»Das ist es ja. Er war nicht immer gut drauf.«

Bingo, hier hatte sich also das fehlende Mosaiksteinchen versteckt. Ich war ganz heiß darauf, den Fortgang der Geschichte zu hören.

»Er hat diese bezaubernde Seite. Da ist er eine Frohnatur, einer, mit dem man Pferde stehlen kann. Unterhaltsam, ohne platt zu sein. Er kann lächeln, dass einem warm ums Herz wird. Ich weiß nicht, ob du dir das vorstellen kann.«

»Kann ich durchaus. So hat unsere Frontfrau gelächelt. Und das Publikum hat ihr aus der Hand gefressen. Vor allem die Männer.«

»Wir haben uns verliebt«, sagte Moni. »Vor gut zwei Jahren. Jedenfalls glaubte ich damals, dass wir einander lieben, dass die Sache auf Gegenseitigkeit beruht. Jetzt … bin ich mir nicht mehr so sicher.«

»Er liebt dich also nicht?«

»Doch … auf seine Weise.« Sie seufzte und trank einen Schluck Wein. Mit dem albernen, viel zu großen Sweater, den ungekämmten Haaren und dieser entsetzlichen Blässe sah sie aus wie die tragische Heldin in einem finnischen Melodram.

»Es war im letzten Sommer. Wir bereiteten uns auf

eine ziemlich wichtige Prüfung vor. Alle waren nervös, und Gerolf motivierte die Lerngruppe. Hielt alle bei Laune. Wir hatten so ein System. Dass jeder jedem in der Gruppe alle Skripten weitergibt. Außerdem hatte jeder ein Spezialgebiet, für das er Zusammenfassungen aus den einschlägigen Büchern tippen sollte, die ebenfalls an alle verteilt wurden.«

»Keine schlechte Idee.«

»Aber Gerolf machte nichts. Er kümmerte sich gar nicht um die Aufgabe, die er übernommen hatte. Er versprach, Skripten zu besorgen, die eigentlich ziemlich viel Geld kosten.« Moni zeichnete mit dem Finger Muster auf ihr Weinglas. »Das Problem war: Wir haben gedacht, er macht das wirklich.«

»Er hat geblufft.«

Sie nickte. »Und zwar ziemlich gut. Drei Tage, bevor wir uns wieder treffen wollten, gab ich Gerolf mein Konzept zum Gegenlesen. Und wollte natürlich seines haben. Aber er hatte nichts.«

»Mein lieber Herr Gesangsverein«, brachte ich heraus. »Dem hätte ich gern ein paar Zeilen angesagt.«

»Habe ich. Ich war echt sauer. Aber das war ein Fehler.« Sie schüttelte traurig den Kopf. »Er fühlte sich sofort provoziert. Mit Frust kann er nicht umgehen. Und dann …«

»Hat er dich geschlagen?« Perplex starrte ich Moni an.

»Er ist wie ein Verrückter über mich hergefallen. Zum Glück wohnen wir nicht zusammen. Er hat mich die Treppen runtergeprügelt. Erst als ein Nachbar heimkam, ist er abgehauen.«

»Scheiße.« Ich musste an mich halten, um nicht laut zu schreien.

»Ich bin zurück in mein Zimmer. Ja, und dann …«

»Dann?«

Moni schüttelte den Kopf. »Es spielt keine Rolle«, murmelte sie.

»Spielt es allerdings.« Sehr viel Einfühlungsvermögen sagte man mir ja nicht nach. Aber ich wollte wissen, wie es weiterging.

»Hat er dir aus Rache die Arme zerschlitzt? Wann war das, Moni? Hat er versucht, dich umzubringen? Bist du deswegen da draußen bei der Tankstelle herumgegeistert?«

Moni barg das Gesicht in den Händen. Sie schluchzte leise.

Ich brachte es einfach nicht fertig, die Hand auf ihre Schulter zu legen. So etwas hatte ich noch nie gekonnt. Ich saß also da und wartete.

»Willst du nicht darüber reden?«, fragte ich und ahnte, dass ich hier irgendwas falsch formulierte.

»Lass uns was kochen, okay?« Sie sah mich an. Ihre Augen waren gerötet.

»Was ist da draußen passiert?«, insistierte ich.

»Ich weiß es nicht. Es war ein Unfall.«

»Ein Unfall? Aber du weißt es nicht? Also war es einer? Oder keiner? Warst du in einem Auto? Bist du gefahren?« Sieben Millionen Fragen umtosten meinen Denkapparat.

Sie rieb sich die Schläfen. »Ich kann mich nicht erinnern.«

»Stimmt das wirklich, Moni? Oder suchst du nur Schutz? Im Vergessen, meine ich?«

Sie sah mich an, die grauen Augen immer noch so seltsam leuchtend, als brenne dahinter ein Lämpchen. »Ich kann mich wirklich nicht erinnern. Ich liege im Bett und zerbreche mir den Kopf. Da kommt nichts.«

»Amnesie ist eine Reaktion auf Schock«, gab ich zum Besten, weil ich das irgendwann mal gelesen hatte.

Sie zuckte die Achseln. Stand auf, nahm den Dosenöffner, öffnete die Kokosmilch, fing an, die frischen Gewürze zu waschen.

Ich stellte mich neben sie. Schweigend mörserten wir Koriander, zupften das Thai-Basilikum, machten eine Paste aus Limettensaft und geriebenem Ingwer, strichen das Hähnchenfleisch damit ein. Ich setzte Reis auf und Moni briet das Fleisch.

Als die Schüsseln mit Reis und Curry endlich dampfend vor uns standen, war ich hungrig wie ein Grizzly.

12

In der Nacht träumte ich davon, auf einem Kaktus zu sitzen und Thai-Basilikum zu zupfen. Ich fuhr hoch, weil irgendwo Holz knackte. Es war eiskalt im Zimmer. Ich hatte die Tür zur Diele offen gelassen, damit die bullernde Wärme des Kachelofens auch das Schlafzimmer aufheizte, doch das Feuer war heruntergebrannt. Gähnend stand ich auf. Ich öffnete die Feuerluke und schob die Asche zusammen. Die Kacheln strahlten noch ein wenig Wärme ab. Ich schichtete neues Holz auf, stopfte Papier dazu und hielt das Feuerzeug an das Brennmaterial. Als die ersten Flammen die Papierknäuel fraßen, knackte es hinter mir. Ich fuhr herum.

Moni stand da, ein Messer in der Hand, beleuchtet von den auflodernden Flammen aus dem Ofen.

»Scheiße, Moni!« Ich befand mich in der denkbar dümmsten Position. Meine Selbstverteidigungsmöglichkeiten lagen im Minusbereich. Ich hockte vor der Feuerluke, vor mir stand hoch aufgerichtet die Frau mit dem Messer. »Spinnst du?«, keuchte ich. »Ganz ruhig, okay?« Vorsichtig stand ich auf, ihren erhobenen Arm nicht aus den Augen lassend. Das Adrenalin peitschte durch meinen Körper. Ich fiel ihr in den Arm. Sie ließ es geschehen.

»Tickst du nicht richtig?«, schrie ich sie an, während ich ihr das Messer aus der Hand wand.

Sie ließ auch das mit sich machen. Willenlos stand sie da, in einem meiner alten Pyjamas, der noch im Schrank gelegen haben musste. Ihr Haar hing wirr um ihr Gesicht.

Ich machte Licht.

»Mach es aus!«, flüsterte sie. Sie kniff die Augen zusammen.

»Vergiss es. Ich lasse mich doch nicht mitten in der Nacht im Dunkeln mit dem Messer bedrohen!« Wütend marschierte ich in die Küche und versenkte das Messer im Messerblock. Einer spontanen Eingebung folgend, klemmte ich mir den Holzblock unter den Arm und trug ihn in mein Zimmer, wo ich ihn am Kopfende meines Bettes abstellte.

Wichs Hund kläffte drüben auf dem Nachbargrundstück. Ich blickte aus dem Fenster. Dicker Nebel zog sich um den Felsen zusammen. Die Beleuchtung war längst aus.

Normalerweise schloss ich nie die Vorhänge, geschweige denn die Läden. Hier in Rothenfels geschah nichts Gefährliches. Die beständige soziale Kontrolle sorgte dafür, dass die Dinge auf Standardmaß blieben.

»Er ist hier«, flüsterte Moni. Sie stand auf der Schwelle zu meinem Schlafzimmer. Ihr Blick war glasig. Beim besten Willen konnte ich mich nicht daran erinnern, dass wir gestern Abend etwas geraucht oder sonst was genommen hatten. Ich hatte meine Erfahrungen mit Drogen. Wir hatten zu Skunky Pies besten Zeiten manches konsumiert und im heroischen Selbsttest mit dem großen Unbekannten experimentiert. Aber wo, bitte, sollte Moni in Rothenfels Drogen herbekommen?

Ich ging auf sie zu und packte sie am Kragen des Pyjamas. Irgendwie konnte ich mich plötzlich nicht daran erinnern, ihn je getragen zu haben. Das hier war nicht mein Leben. Nicht Rothenfels, nicht dieses Haus und schon gar nicht diese durchgeknallte Tante vor mir.

»Pass mal auf!«, legte ich los. »Meine Gastfreundschaft hat Grenzen. Habe ich mich klar ausgedrückt?«

»Ich habe ihn gesehen«, flüsterte sie. »Er wird kommen. Er lässt sich nichts bieten.«

»Wer?«, schnauzte ich sie an. »Von wem redest du? Von deinem Freund? Hast du überhaupt schon mit ihm Schluss gemacht? Würde sich anbieten, damit er weiß, woran er ist.«

Moni kaute an ihren Fingernägeln. »Nein«, hauchte sie.

»Na prima. Beste Voraussetzungen. Jetzt taucht er hier auf, um dir seine Liebe zu gestehen, dir hoch und heilig zu versprechen, dass es nie wieder vorkommen wird, was immer er dir angetan hat, und …«

»Nein!« Moni streckte die Hände vor, wollte mich mit dieser Geste zum Schweigen bringen.

»Sondern?« Ich setzte mich aufs Bett. Das Adrenalin war seinen wundersamen Weg durch meinen Körper gegangen und hatte weitere fantastische Substanzen dazu angeregt, es zu verbrauchen. Nun war ich nur noch müde. Wichs Hund bellte immer noch. Boxer sind theatralische Tiere.

»Sein Vater.«

»Bitte, was?«

»Sein Vater ist hier.«

»Liebe Moni. Würdest du die Güte haben, mir zu erklären, warum sein Vater hier ist? Schafft Klein-Gerolf es nicht allein, seine Freundin zurückzuholen? Braucht er dazu den Herrn Papa?«

Moni rieb sich das Gesicht. Allmählich drang die Wärme des Feuers durch die geöffnete Tür ins Schlafzimmer. Trotzdem war mir kalt.

»Er hat Geld und Einfluss«, sagte sie.

»Gerolfs Vater?«

Sie nickte.

»Und sein Vater ist ...«

»Anwalt.«

»Ach du Scheiße!« Ich konnte nicht anders, ich musste lachen.

»Er heißt Wilhelm Bednarz«, fügte sie hinzu, als würde das irgendwas erklären.

»Nie gehört.« Ich bin mittlerweile zu lange weg, dachte ich. Wie kann ich die High Society Frankens kennen? Wer in der Hauptstadt lebt, verstrickt sich in anderen Netzen. »Hör zu, wenn du mit Gerolf Schluss machst, bist du die Bagage los. Klingt sinnvoll, oder?«

Sie schüttelte den Kopf. »Er wird mich nie gehen lassen.«

»Er – was?«

»Gerolf lässt nicht zu, dass ich ihn verlasse.«

Ihr Gesicht glänzte, ein feiner Schweißfilm hatte sich auf ihrer Haut gebildet. Sie strich das strähnige Haar zurück.

»Okay. Immer langsam.« Ich atmete hörbar aus. Ich war hundemüde und wollte schlafen. Wollte zurück zu den vergleichsweise simplen Träumen von Kakteen und Basilikum. »Du kannst Gerolf nicht verlassen, weil er sonst verrückt spielt. Vermutlich meint er, er hätte ein Anrecht auf dich?«

Sie nickte.

»Damit ist er leider nicht allein!« Ich wies auf das Fenster. »Da draußen laufen etliche Macho-Spinner herum, die glauben felsenfest, ihnen gehört die Welt. Und alle Frauen gleich mit. Wenn du so geschickt warst, dich mit einem dieser Exemplare einzulassen, musst du eben die Chuzpe aufbringen, dich von ihm loszusagen.« Ich musste zugeben, dass das sehr theoretisch klang. Aber es schien logisch! Eine Frau, die sich selbst über die Opferrolle definierte, würde immer die Gelackmeierte sein. Das waren die superschlanken, gebrechlichen Ich-Bin-Ja-So-Hilflos-Mädchen, die einknickten, um nicht geschlagen zu werden.

Moni reagierte nicht. Sie schlang die Arme um den Oberkörper. Ihre Augen waren gerötet.

»Lass uns pennen, Moni. Morgen entwickeln wir eine Strategie, wie du Gerolf ausbooten kannst. Einverstanden?«

Sie nickte und tappte davon. Ich stieß einen leisen Seufzer aus. Matt musterte ich den Messerblock. So eine Rennsemmel, dachte ich. Geistert mit dem Messer in der Faust durch die Hütte.

Ich schlüpfte unter die Decke. Natürlich konnte ich nicht einschlafen. Ich lauschte in die Dunkelheit, die keine Geräusche freigab außer das Quietschen des Bettes im Nebenzimmer, als Moni sich hineinlegte.

Woher kam das viele Blut an ihren Händen? Hatte sie Gerolf am Ende umgebracht? Aus Notwehr? Und wo war überhaupt der fleckige Pulli?

Ich rollte mich zusammen. Über meinem Kopf tobte sich der Marder aus. Wenigstens hatte der Hund aufgehört zu bellen. Ein Auto kam den Berg heraufgebrummt, übertourig. Jemand, der im Winter in den Bergen nicht fahren konnte. Flachlandtiroler. Das Geräusch verklang.

13

18.12.2013

Er musste Moni finden. Soviel war klar. Egal, was er gestern unternommen hatte, um sie aufzutreiben – es hatte nichts gebracht. Er hätte es gern vermieden, ihre hysterische Mutter aufzuscheuchen. Aber nachdem Moni über 24 Stunden verschwunden war, sah er keine andere Möglichkeit. Es sei denn ... nein, diese Lösung kam nicht infrage.

Er musterte sein müdes Gesicht. Die Wunde am Bauch war rot an den Rändern. Drumherum war die Haut geschwollen und schwarz. Vorsichtig wusch er sich, benutzte einen Waschlappen. Das Wasser war bloß lauwarm. Trotzdem brannte es, als er die Stelle benetzte. Der Schönling mit der dicken Brieftasche war in Selbstverteidigung gar nicht so schlecht.

»Scheiße!« Ungeduldig griff er nach einem Handtuch. Es war voller Blutflecken. Seiner Meinung nach sah es aus wie ein Mordwerkzeug, und er beschloss spontan, es irgendwo wegzuschmeißen.

Sein Gesicht sah nicht besser aus. An der Stirn hatte ihn das Messer ebenfalls getroffen. Der Schnitt war allerdings nicht besonders tief. Wie er seine Verletzungen erklären sollte, war zwar zweifelhaft. Gleichwohl hatte er nicht vor, außer Monis Mutter noch anderen Leuten unter die Augen zu treten. Gut, dass Winter war. Niemand würde auf einen Kerl achten, der sich eine Wollmütze tief in die Stirn zog.

Er füllte die Kaffeemaschine mit Wasser und gab großzügig Pulver in den Filter. Die halbe Nacht hatte er wach gelegen, die ganze Mistnacht zuvor noch einmal analysiert. Aber ihm fehlte ein wichtiges Teil. Alle Beteiligten außer ihm selbst waren nach dem Unfall verschwunden. Das kriegte er nicht auf die Reihe!

Shit! Er schnappte sich sein Rasierzeug. Der Vorteil seiner Winzlingsbude war, dass er zugleich auf dem Klo hocken, sich rasieren, duschen und Kaffee trinken konnte. Naja, beinahe.

Der Mann betrachtete sich im Spiegel und schnaubte. Er war ja nicht ganz blöd. Mochte Moni verblendet sein, genauso wie ihre Mutter, er hatte den ganzen Käse längst durchschaut. Und es würde ihn sehr wundern, wenn nicht sogar die Mutter von dem Knilch …

Behutsam seifte er seine Wangen ein. Verdammt, so hatte er sich das nicht vorgestellt. Die Ereignisse hatten ihn überrollt, ihm war nichts anderes übrig geblieben, als zu reagieren, so besonnen er konnte. Sogar den Wagen hatte er entsorgt. Dass sowohl Moni als auch der Kerl verlustig gingen, damit hatte er überhaupt nicht gerechnet. Ehrlich gesagt hatte er sich ausgemalt, wie Moni sich ihm an die Brust werfen und ihm unter Tränen danken würde. Frauen!

Er war schon einmal wegen eines Unfalls in Schwierigkeiten geraten. Und weil er sich weigerte, die Sozialstunden zu leisten, hatte er in Jugendhaft gesessen. Nicht besonders lange. Heute fand er, er müsste diese Erfahrung positiv sehen. Immerhin besaß er einen guten Blick für Menschen. Deswegen hatte er den Typen ja sofort durchschaut, die tolle Fassade mit den reichen Altvorderen, der schicken Karre und den hochglanzmäßig gestylten Haaren.

Der Mann starrte auf die blonden Strähnen, die auf seinem Kopf wucherten. Alles kotzte ihn an. Das Gefühl, die Dinge nicht im Griff zu haben. Die Angst um Moni. Der Ärger, dass er alles versemmelt hatte, als ihm endlich eine Chance geboten wurde. Das unheimliche Gefühl, dass der Scheißkerl jetzt ein neues Giftsüppchen kochte …

Okay, den Wagen würde niemand mehr finden. Dennoch: Unvollendete Dinge standen immer auf der Kippe. Er musste extrem vorsichtig sein. Insofern war es vielleicht nicht gescheit, bei Monis Mutter reinzuschneien. Er brauchte eine wirklich gute Geschichte. Eine, die sie sofort glaubte. So schwer konnte das nicht sein. Besonders hell auf der Platte war die Frau ja nicht. Sonst hätte sie Moni längst dazu gebracht, zu durchschauen, was in ihrem Leben eigentlich los war. Wahrscheinlich ließ die Mutter sich vom großen Geld noch mehr blenden als die Tochter.

Die Kaffeemaschine gab einen asthmatischen Laut von sich. Er drückte mehr Schaum auf seine Handflächen und verteilte ihn auf seinem Schädel. Dann nahm er den Shaver und rasierte sich den Kopf kahl.

14

Wenn es auf den 4. Advent zugeht, fangen die Leute an, verrückt zu spielen. Sogar in so einem Nest wie Rothenfels. Der Verkehr schwoll an wie in Berlin Mitte zur absoluten Rushhour. Naja, nicht ganz.

Moni lag apathisch im Bett, während ich am frühen Nachmittag vom Küchenfenster aus die Autoschlangen beobachtete, die sich den Berg hinauf- und hinunterwälzten. Sie gingen auf Einkaufstour oder kamen beladen vom Shopping zurück. Eine Karosse nach der anderen.

Es schneite leicht. Diesig klebte der Tag über dem Dorf. Ich beschloss, die Rezeptsammlung meiner Mutter durchzugehen. Die wenigen Tage in diesem Haus hatten in mir bereits eine eigenartige Nostalgie entfacht. Ein Gefühl, das mich lähmte. Einerseits wurde ich dadurch von meinem Mann und seiner Anita abgelenkt. Ich dachte sogar relativ wenig an die beiden. Ab und zu ein Anflug von Wut, Eifersucht, Ungläubigkeit – alles Empfindungen, die ich rasend schnell irgendwo begrub. Außerdem sorgte mein mysteriöser Gast dafür, dass ich mir wegen anderer Dinge Sorgen machen musste. Moni schien psychisch ziemlich labil. Mochte ja sein, dass sie Angst hatte, von der mächtigen Familie ihres gewalttätigen Freundes verfolgt zu werden, aber dass sie mir nächtens mit einem Messer in der Hand hinterherschlich, machte mir mehr Kopfzerbrechen als Piets Ehebruch oder meine eigene unklare Lebenslage.

Zu dumm, dass ich nicht wusste, wie es für mich weitergehen würde. Komponieren, Songs schreiben oder drummen – alles war in weite Ferne gerückt. Die Congas, die einzigen Kumpels aus der Gattung der Schlaginstrumente, die ich aus Berlin mitgebracht hatte, standen in meinem Schlafzimmer auf der Fensterbank. Ich rührte sie nicht an. Eigentlich war ich ein paar Mal sogar drauf und dran gewesen, sie wegzuräumen, um sie nicht mehr sehen zu müssen. Ich hatte das Gefühl, eine klare Trennung von meinem alten Leben zu benötigen.

Meine Mutter hatte besonders die indische Küche geliebt und Hunderte von exotischen Kochrezepten aus aller Welt gesammelt. Sie war begeistert von scharfen Gewürzen, sie liebte es, sich kochend ins Unbekannte zu wagen. In unserem letzten gemeinsamen Urlaub hier hatte sie Karteikarten sortiert und mir erklärt: »Siehst du, Ilsa, hier weiß ich wenigstens, was die Bestimmung jeder einzelnen Karteikarte ist. Nämlich, uns froh zu machen. Während ich in der Schule nur verwalte. Papier von einem Stapel auf den anderen schaufle.«

Ausgerechnet jetzt musste ich daran denken. Meine Mutter, mollig, aber, da groß gewachsen, nicht dick, hatte an diesem Tisch gesessen, in dieser Küche, und ihre Rezepte sortiert. Damals hatte sie eine Kiste mit Gewürzen gehabt, die sie aber dann nicht im Ferienhaus lassen wollte. Meine Eltern gingen hier viel zu selten vor Anker. Sie hatte Angst, die wertvollen Kräuter, Pulver und Pasten würden ihren Geschmack verlieren.

Plötzlich spürte ich, wie hinter meinen Augenlidern ein paar Tränen lauerten. Ich presste die Lippen zusammen. Ich wollte nicht mehr weinen. Was geschehen war, war geschehen.

Als meine Eltern starben, hatte ich Piet an meiner Seite. Zu jener Zeit ging er mit mir durch dick und dünn, und von einer Anita war nicht die Rede. Außerdem hatte ich meine Freunde von Skunky Pie und unsere Auftritte. Ich war beschäftigt, und ich war nicht hier. Es gab Hunderte von Möglichkeiten, die Trauer auf Abstand zu halten. Und wenn es ein Joint war.

Jetzt hockte ich in diesem alten Haus. Mein Mann war abhandengekommen. Meine Band und mit ihr meine Freunde hatten sich in alle Winde zerstreut. Ich kannte niemanden im Dorf außer Wich, meinen umtriebigen Nachbarn. Und jetzt hatte ich zusätzlich eine Frau am Hals, die womöglich schizophren war oder manisch-depressiv. Wer konnte das wissen, mit Irren kannte ich mich nicht aus.

Schnell, bevor noch mehr Trübsinn von mir Besitz ergreifen konnte, blätterte ich Mutters Rezeptkarten durch. In ihrer leicht nach links geneigten, ausladenden Schrift hatte sie zusätzliche Anweisungen an den Rand geschrieben. Es fiel mir schwer, sie zu lesen. Die Handschrift eines Menschen, den du geliebt hast, kann dich wahnsinnig machen. Die Buchstaben sind noch da, ihr Urheber ist Asche. Schließlich packte ich die Karten weg. Mir stand nicht der Sinn nach vietnamesischer Fischsuppe oder tunesischen Pfannkuchen. Fast wurde ich wütend auf mich selbst, weil ich zu heulen anfing.

Moni lag immer noch im Bett. Ich wollte raus. Ohne ein Wort zu sagen, schlüpfte ich in meine Stiefel und zog den Anorak über.

Wich war am Holzhacken. Ich hörte das regelmäßige TACKTACK seines Beils, kaum dass ich die Tür hinter mir zugezogen hatte. Durch den verharschten Schnee stapfte ich zu ihm rüber. Astor begrüßte mich, indem er mit dem gesamten Hinterteil wedelte. Ich kraulte ihm die weiße, flauschige Brust. »Armer Kerl, wenn sie dir auch kein Stück Schwanz gelassen haben, mit dem du wedeln kannst!« Mit diesen Worten bog ich um die Ecke und sah Wich in der Scheune am Hackblock stehen. Er schlug ein paar Mal treffsicher zu, schnappte sich die Scheite und warf sie auf eine Schubkarre.

»Servus, Wich!«

»Hallo, Ilsa!« Überrascht legte mein Nachbar das Beil weg und hielt mir die rechte Hand hin. »Astor hat dich schon in sein Herz geschlossen. Ansonsten hätte er gekläfft wie ein Kettenhund, um dich anzukündigen.«

»Als Butler muss er noch einiges lernen.«

Wich grinste. »Kann sein. Alles okay bei euch?«

»Alles okay. Rothenfels ist ja ziemlich am Durchknallen, oder?«

»Du meinst den Verkehr? In Solmbach«, er zeigte unbestimmt Richtung Wald, »findet ein Mittelalterweihnachtsmarkt statt. Deswegen schnaufen sie alle den Berg rauf.«

»Verstehe.« Ich wies auf die Scheite. »Harte Arbeit, oder?«

»Ich sehe es als Sport. Andere joggen oder machen sonstwas für Mätzchen. Wie geht's deiner Freundin? Genießt sie ihre Ferien in der Fränkischen?«

Ich zuckte die Achseln. Wich war der einzige Mensch weit und breit, den ich ins Vertrauen ziehen konnte. Ich hatte generell das Bedürfnis, nicht allzu viel von mir selbst preiszugeben. Man konnte nie wissen.

»Sie hat Ärger mit ihrem Freund. Will mit ihm Schluss machen, schafft es aber nicht.« Ich hatte den Eindruck, dass diese Erklärung der Wahrheit ziemlich nahe kam.

»Lenk sie ab. Unternehmt was.«

»Du meinst hoffentlich nicht den Mittelalterweihnachtsmarkt?«, fragte ich entsetzt.

»Sehr viel mehr gibt's hier nicht.« Es wurde dunkel. Die Straßenbeleuchtung schaltete sich nach und nach ein. »Oder ihr geht auf die Loipe. Drüben in Stein haben sie gespurt. Deine Eltern hatten doch Skier, oder?«

Bevor Wich noch mehr touristische Tipps geben konnte, nickte ich. »Ich glaube schon. Langlaufen wäre prima.«

»Mach's gut, Ilsa«, sagte Wich beiläufig und griff wieder nach seinem Beil. Astor begleitete mich bis zu meiner eigenen Haustür. Ich tätschelte ihm die Flanken, bevor ich ins Haus ging. Als ich die Tür hinter mir zuzog, hatte ich schlagartig das bedrängende Gefühl, beobachtet zu werden.

15

Um das gleich vorwegzusagen: Ich verabscheue Weihnachtsmärkte. Der Krempel, der dort verkauft wird, ist mir ein Gräuel. Ich brauche weder Plätzchenformen noch gläserne Glöckchen noch Lametta. Ich mache mir genauso wenig aus Holzspielzeug, selbst wenn es in einer Behindertenwerkstatt gebastelt wurde. Sobald ich diesen Gedanken denke, fühle ich mich schuldig. Doch ich bleibe standhaft. Ich. Hasse. Nippes. Punktum.

Trotzdem packte ich Moni ins Auto, um nach Solmbach zu fahren. Das bedrückende Gefühl, dass sich rund um mein Haus etwas Hinterfotziges zusammenbraute, machte mich fertig. Ich dachte, dass ich mir komisches Zeug einzubilden begann, weil ich keine Ansprache hatte. Weil eine depressive Tante mit Borderlinesyndrom oder einer anderen abartigen Störung unter meinem Dach hockte. Weil ich eine betrogene Ehefrau war, die ihre Spielsucht noch nicht überwunden hatte. Denkbar lausige Voraussetzungen, um ein besseres Leben anzufangen.

Als wir ins Auto stiegen, kam Wich um die Ecke.

»Wir fahren zum Mittelalterweihnachtsmarkt«, rief ich ihm zu. »Für die Loipe ist es zu finster.«

»Sag das nicht, die beleuchten sie sogar nachts«, widersprach Wich. »Trotzdem viel Spaß.«

Ich fragte mich ernsthaft, wie man auf einem Weihnachtsmarkt Spaß haben konnte. Aber man musste dem Leben eine Chance geben.

Ich kannte mich in der Gegend nicht gut aus, doch der Weg nach Solmbach war ordentlich beschildert. Zudem musste ich nur den anderen Autos folgen, die ebenfalls alle den Mittelalterweihnachtsmarkt anfuhren. Wir parkten weit außerhalb des Ortes und stapften zehn Minuten mit Dutzenden anderer Interessierter durch mit Splitsteinchen versetzten Schneematsch. Auch Solmbach lag – wie Rothenfels – in einem scharf eingeschnittenen Tal. Es gab nicht viel mehr als eine Hauptstraße, von der kleine Sträßchen wie Äderchen abbogen, die sich die steilen Hänge rechts und links hochwanden. Angesichts der Verwandlung jedoch, die der verschlafene Ort Solmbach durchgemacht hatte, musste ich trotz aller Vorbehalte staunen. Die elektrische Straßenbeleuchtung war komplett abgeschaltet worden. Stattdessen erhellten Fackeln und Kohlepfannen das Dorf. Alle Häuser waren mit Tannengrün geschmückt, auch die Buden, an denen mittelalterlich gewandete Leute alles Mögliche verkauften: selbst genähte Ledertaschen, Linseneintopf, diverse Pflanzen, selbst gezogene Kerzen. An einem Stand brutzelte ein Spanferkel über dem Feuer, und der Geruch nach frischen Bratwürsten zog zwischen den Ständen durch. Alles Gerichte, die eindeutig besser in die bodenständige Gegend passten als die bunten Currys meiner Mutter. Jemand bot selbst gebrautes Bier an, das ich dankend ablehnte.

Moni stolperte neben mir her. Sie hatte die Kapuze des alten Parkas tief ins Gesicht gezogen und die Hände in den Taschen vergraben. In ihren Augen spiegelte sich eine seltsame Mischung aus Angst und Staunen. Dünn, wie sie war, schlängelte sie sich flott durch die Menge.

Eine Frau mit einem roten Tuch um den Kopf hielt mich auf.

»Willst du deine Zukunft wissen?«, fragte sie.

Zuerst war mir gar nicht klar, dass sie mich meinte. Ich sah mich um, weil ich dachte, jemand stünde hinter mir.

»Du!« Sie tippte mich an. »Na? Wie wäre es?«

Ich zuckte die Achseln. »Kostenpunkt?«

Sie sah mich entgeistert an. »Eine kleine Spende wäre in Ordnung.«

»Und das soll ich glauben?« Aus den Augenwinkeln sah ich, dass Moni weitergegangen war und zwischen den anderen Besuchern beinahe unsichtbar wurde. Als sie merkte, dass ich nicht mehr neben ihr ging, wandte sie sich erschrocken um. Der Ausdruck von Panik auf ihrem Gesicht schockierte mich.

»Du hast mein Wort«, sagte die Frau. Ich hielt ihr meine rechte Hand hin. Sie fuhr mit einem langen, wenig mittelalterlich lackierten Fingernagel über die Linien meiner Handfläche.

Moni boxte sich zu mir durch.

»Ich dachte, du hättest mich abgehängt«, sagte ich grinsend.

»Oh, eine zweite Kundin!«, rief die Wahrsagerin.

»Nichts da! Machen wir erst mal einen Testlauf. Was

siehst du denn jetzt? Bin ich bis in alle Ewigkeit verloren?« Plötzlich ging mir dieser Firlefanz auf die Nerven. Ein eigentümlicher Schmerz kroch von meinem Nacken aus in meinen Kopf. Ich reckte den Hals. Das Gedränge wurde immer schlimmer. Die dick eingemummelten Leute stießen einander an. Moni drängte sich an mich.

»Starke Lebenskraft«, murmelte die Frau. »Außerordentlich starke Konstitution.«

Das wusste ich selbst. Ich war keine, die sich leicht unterkriegen ließ.

»Hier zweigt ein kleiner Ast nach unten ab. Du hast einen Verlust erlitten.«

Kann man so sagen, dachte ich.

»Deine Schicksalslinie endet unter dem Zeigefinger. Das verspricht Erfolg. Du bist ein ehrgeiziger Mensch.«

Ich dachte an das traurige Ende von Skunky Pie und hielt den Mund.

»Von deiner Kopflinie führt ein Ast Richtung kleiner Finger. Du hast schriftstellerische Begabung.«

»Dass ich nicht lache«, gab ich zurück. Ich dachte an die Songs, die ich zwar geschrieben, aber nie verkauft hatte. Was nutzte einem alle Begabung, wenn man im Marketing eine Niete war? Von irgendwo her dröhnten Trommeln zu uns herüber. Elektrisiert hob ich den Kopf und hörte kaum, wie die Wahrsagerin erläuterte: »Da sind Kreise auf der Lebenslinie. Vorsicht vor Unfällen.«

»Ja, ja.« Ich reichte ihr fünf Euro. »Dir ist hoffentlich klar, dass das überbezahlt ist?«

Sie nahm den Schein und sagte etwas, während ich Moni unterhakte und sie in Richtung der Trommeln zog.

Die Combo bestand aus fünf Männern mit unterschiedlich großen Instrumenten, die sich um einen Feuerkorb gruppiert hatten. Temperamentvoll ließen sie die Stöcke wirbeln. Der Schein der Flammen tanzte über ihre lachenden Gesichter.

Das war mein Leben. Ich spürte den Rhythmus, mir wurde warm.

Ich vergaß Piet und Anita, die traurigen Erinnerungen an meine Eltern und sogar Moni, die ich immer noch am Arm hielt. Musik und Rhythmus, das war meine Luft zum Atmen. Mein Traum. Mein Ehrgeiz. Mein Dasein speiste sich aus dem Metrum. Aus der Kraft, die der Takt in mir freisetzte. Sofort passte sich mein Atem dem Rhythmus der Trommeln an. Ich ließ Moni los. Meine Hände, meine Arme, mein ganzer Körper nahm den Takt auf.

Ich tanzte. Dann trauten sich noch ein paar andere. Wir bewegten uns zum Klang der Trommeln. Die Männer an den Instrumenten grinsten und legten noch einen drauf. Die Hitze des Feuers brannte auf meinem Gesicht. Ich warf den Kopf in den Nacken und sah in den Himmel. Schneeflocken rieselten aus der Dunkelheit auf meine Haut. Wie kleine, gefrorene Sternchen wirbelten sie umher. Ich schloss die Augen. Spürte die kalten Flocken auf meinen Wangen, wo sie schmolzen und ein seltsam warmes Gefühl hinterließen. Unter meinen Stiefeln spürte ich Steinchen und vereiste Stellen. Sie störten mich nicht. Ich verlor mich im Rhythmus der Trommeln. Gedanken, Sorgen und Kümmernisse stoben hinaus in die kalte Nacht.

Irgendwann riss mich eine Stimme aus meiner Trance.

»Ilsa!«

Lass mich in Ruhe!

»Ilsa! Bitte, wir müssen gehen.«

Verwirrt öffnete ich ein Auge. Moni stand neben mir und zerrte an meinem Arm.

»Was!«, schnarrte ich.

»Er ist hier.« Ihre Stimme war fast nicht zu verstehen.

Ich öffnete mein zweites Auge. Die Männer trommelten immer noch. Eine Frau mit einem Blumenstrauß in den Armen war zu ihnen getreten. Auch sie zuckte im Takt der Trommelschläge. Um mich herum bewegten sich etliche andere im selben Rhythmus.

»Wer?«, fauchte ich. Endlich war ich für ungefähr drei Sekunden glücklich gewesen, unbelastet, einfach ich selbst.

»Gerolfs Vater!«

»Wer? Hier? Du spinnst!« Ich musste fast schreien, um mich verständlich zu machen. Auf irgendeinem der das Dorf umgebenden Berge hatte sich eine Truppe Blechbläser zusammengerottet und trompetete Weihnachtslieder. Der Bann der Trommeln war gebrochen. Ich hasste Blechbläser.

»Er darf mich nicht finden! Bitte!«

Gerade eben hatte ich getanzt, ein eigenes, besseres Leben gespürt, ach was, gelebt! Diese kleine Pause vom trüben Allerlei der sogenannten Wirklichkeit musste Moni zerstören. Ich verdrehte die Augen, wandte mich um und ging.

Sollte Moni sehen, wo sie blieb. Ich war nicht für sie verantwortlich. Hatte nicht den geringsten Grund, sie im Auto herumzukutschieren oder bei mir wohnen zu lassen. Ich hatte das aus reiner Menschlichkeit getan.

Wütend kämpfte ich mich aus den Menschenmassen zum Ortsausgang. Immer mehr Leute strömten auf den Weihnachtsmarkt. Der Sound der Trommeln wurde schwächer, dafür trieb das Bläsergetröte seltsam verzerrt durch das enge Tal. Vom Himmel hoch. Mir rollten sich die Zehennägel auf.

Ich ging schneller. Ich hatte so was von die Schnauze voll. Warum war ich hier? Im tiefen Winter in der Fränkischen Schweiz, wo ich kaum Luft bekam, weil mich alles erstickte, mein untreuer Mann, meine Verlassenheit, die engen Täler, der Schneematsch, das Parkchaos hinter dem Ortsschild, die dämlichen, immer gleichen Weihnachtslieder?

Ich hasste mich selbst. Meine Entscheidung, hergekommen zu sein. Nicht nur zum Mittelaltermarkt. Überhaupt zurück ins Fränkische, in meine Vergangenheit und zu meinen Erinnerungen, die mich noch einsamer machten. Ein trostloser Cocktail aus Winterblues und Eifersucht, Unentschlossenheit und …

»Ilsa!«

Ich wandte mich um. Sah eine dunkle Gestalt an den geparkten Wagen entlangrennen. Sie geriet ins Rutschen, fing sich. »Ilsa!«

Ich drehte mich um und ging weiter. Okay, ich war ein Schwein, wenn ich Moni einfach so stehen ließ, aber ich konnte nicht anders.

Hastig stapfte ich weiter, bis ich meinen Wagen aufschloss und auf den Sitz sackte. Plötzlich kam ich mir wieder beobachtet vor. Als würde nicht weit entfernt jemand in der Dunkelheit stehen und sich ein Bild von mir machen.

»Nonsense!«, sagte ich halblaut. Ich beugte mich aus dem Auto, um den Blick schweifen zu lassen. Von sehr weit hörte ich immer noch die Bläser.

Da packte mich aus dem Finstern eine Hand.

»Shit!«, brüllte ich.

Es war Moni.

»Nimm mich mit!«, keuchte sie. »Nimm mich mit, nimm mich mit!«

Genervt schüttelte ich sie ab. Ich war sauer auf mich selbst, nicht auf sie. Ich hatte mich wie ein Scheusal benommen.

»Warum steigst du nicht ein?«, grummelte ich.

Ich hörte, wie sie die Beifahrertür öffnete, schlug meine Tür zu und ließ den Motor an.

Mühsam bugsierte ich den Wagen aus der Parklücke. Hinter uns startete ein anderes Auto. Ich ließ es vorbeifahren. Dann trat ich aufs Gas.

16

Moni ist nackt. Bloß das Armband trägt sie noch. Gerolf sitzt vor ihr auf dem Sofa und sieht sie an. Das Feuer wärmt den Raum, und trotzdem kriecht Gänsehaut über ihren Körper.

»Du bist schön.«

Sie lächelt. Wenn er mit ihr schlafen will, vielleicht hier sogar, vor dem Kamin, warum zieht er sich nicht aus? Sie hat Sehnsucht nach seinem Körper, den muskulösen Armen, die ihr Geborgenheit geben, dem Geruch nach Aftershave und Zigaretten, der ihr so vertraut geworden ist …

Sie macht einen Schritt auf Gerolf zu.

»Bleib stehen!«

Moni gehorcht. Ihr Kopf dröhnt. Die ungewohnte Wärme im Raum, ihr leerer Magen und der Champagner setzen ihr zu.

»Du weißt, wie sehr ich dich liebe?«

Sie nickt.

»Wie sehr ich dich begehre?«

»Ja.«

»Du weißt, ich könnte es nicht ertragen, wenn ein anderer …« Er lässt den Satz unvollendet.

»Ich liebe dich, Gerolf. Nur dich.«

»Du liebst mich?«

»Das weißt du doch!« Moni fühlt sich ausgesetzt, so nackt, wie sie vor ihm steht. Sie will ihn spüren, Haut an Haut. Seine Wärme, sie will ihn streicheln, will von ihm gestreichelt werden.

»Du liebst nicht vor allem mein Geld?« Er holt mit dem Arm aus, umfasst das Wohnzimmer mit all seinen teuren Möbeln.

»Nein.« Er tut ihr leid. Er steckt in dieser Einbildung fest, dass alle ihn allein deshalb mögen, weil seine Eltern reich sind. Bald, sehr bald wird er verstanden haben, dass es ihr ernst ist mit ihm und dass sie sogar bereit ist, mit ihm in einem winzigen Zimmer zu leben. Für ihn ist sie zu allem bereit.

»Und wie kann ich mir da sicher sein, hm?«

Moni zuckt zusammen. Sie kommt sich vor wie im Kreuzverhör, in die Zange genommen von vielen Gerolfs, die sie vom Sofa aus lauernd anstarren. Sie hält die Hände vor ihre Brüste.

»Nimm die Arme runter.«

Moni tut, was er sagt.

»Habe ich je etwas getan, das dich an meiner Liebe zweifeln lässt?«, fragt sie ängstlich. Ihre Stimme klingt piepsig.

Gerolf steht auf und kommt auf sie zu. Er streckt einen Finger aus und berührt ihren Hals. Streicht über ihre Brüste, den Bauch, nimmt die Hand weg. »Du hast nicht genug getan.«

Das unmittelbare Gefühl von Gefahr. Monis Atem geht jetzt ganz schnell.

»Ich liebe dich, Gerolf.« Sie will die Arme um ihn

legen, aber er hebt die Hand. Sie weicht einen Schritt zurück, gerät ins Straucheln.

»Pass doch auf!«, fährt er sie an.

Moni fängt sich. Sie will sich anziehen, sich zusammenrollen, sich verkriechen. Nur nicht mehr von Gerolf so angesehen werden. In seinem Gesicht ist kein Lächeln, keine Wärme. Was hat sie falsch gemacht? Womit hat sie ihn verärgert?

Er greift in seine Jeanstasche und nimmt ein Messer heraus. Lässt es aufschnappen.

»Es heißt, dass Frauen es mögen, wenn sie von dem Mann, den sie lieben, gezeichnet werden.«

Monis Mund ist ganz trocken. Plötzlich fragt sie sich, was ihre Mutter jetzt wohl tut. Sie sehnt sich nach der sicheren Wohnung, wo sie den Nachmittag abgesessen hat. Aus Pflichtgefühl. Dessen schämt sie sich jetzt. Schlagartig kommt ihr der Gedanke, dass sie von hier nicht weg kann. Sie hat kein Auto. Die Villa liegt weit draußen. Es schneit. Sie hat kein Geld für ein Taxi.

Sie hat Angst.

»Aber dazu ist es zu früh«, fährt Gerolf fort. Er lässt das Messer zuschnappen.

Moni beginnt vor Erleichterung zu zittern. Gerolf lächelt sie an. Kalt und berechnend.

17

Jenna stand im Flur. In Wilhelms Arbeitszimmer tagten ihr Mann und Häusler. Jenna war nicht klar, was das alles zu bedeuten hatte. Ein Privatdetektiv ... Konnte Wilhelm etwas wissen, was ihr entging? War er sogar bei der Polizei gewesen? Weshalb regte es ihn so auf, dass Gerolf sich zurückzog, nicht an sein Handy ging, seine Eltern nicht anrief? Ihr Sohn meldete sich ohnehin kaum von selbst. Nur, wenn er etwas brauchte. Meistens Geld.

Wenigstens zeigte Wilhelm keinerlei Interesse an ihr. Dadurch blieb ihr ein bisschen Zeit, um zu Atem zu kommen, sich zu erholen, bevor die nächste Breitseite sie traf. Denn genau das würde passieren. Behutsam presste Jenna das Ohr an die Tür. » ... war auf einer Party ... Montagabend ... bei Jacko ... ging recht früh wieder ... mit seiner Freundin«, hörte sie den Detektiv sagen.

»Den kaufe ich mir«, entgegnete ihr Mann. »Wird Zeit, dass er lernt, sich anzupassen.«

Jenna biss sich auf die Lippen. Wenn Wilhelm von Anpassung sprach, drohte Gefahr. Ihre ganze rechte Seite, der Arm und das Handgelenk taten noch verdammt weh. Anca hatte ihr einen Umschlag mit essigsaurer Tonerde gemacht. Möglicherweise war das

Gelenk doch angebrochen. Es war geschwollen und hing wie eine unförmige Beule an Jennas zartem Körper.

Energisch zog sie den Morgenrock enger um sich. Sie konnte in diesem Aufzug nicht ins Arbeitszimmer gehen. Sie konnte es überhaupt nicht betreten. Es war tabu, sobald die Tür geschlossen war.

Jenna wandte sich um und ging ins Wohnzimmer. Anca hatte den Baum geschmückt. Jenna konnte sich nicht erinnern, sie darum gebeten zu haben. Wahrscheinlich hatte das Hausmädchen geglaubt, dass Jenna mit ihrer schmerzenden Hand es ohnehin nicht schaffen konnte. Sogar die Lichterkette war perfekt drapiert. Der Couchtisch war sauber, keine Hinweise auf die Weinlache von gestern. Oder stammte das Bild von einer weinbesudelten Tischplatte aus ihrer Fantasie?

Der Adventskranz hatte neue Kerzen bekommen, strahlend weiß, wie die vorherigen. Es wirkte, als hätte seit Wochen niemand dieses Zimmer betreten. Als gäbe es keinen Advent. Als wäre alles nichts als eine absurde Dekoration, die jahrein, jahraus so bliebe, solange eine Angestellte ausreichend Kerzen auftreiben würde. Weiße Kerzen.

Jenna setzte sich auf das Sofa.

Für sie gab es tatsächlich nichts, auf das sie warten konnte. Nichts würde sich ändern. Kein Retter würde kommen und sie erlösen. Es gab keine Hoffnung. Sie starrte auf den Weihnachtsbaum. Eine tadellose Fichte. Der Duft der Nadeln hing im Raum. Dezent. So wie alles hier. Nichts, das sich hervortun durfte. Außer ihrem Mann. Der spielte den unangefochtenen Boss.

Als wenn sie das nicht wüsste. Lange gewusst hätte. Der Anblick des leblosen Weihnachtsschmucks war plötzlich schlimmer als jede der kleinen Demütigungen, die sie täglich erlitt. Jenna saß ganz still.

Etwas musste sich ändern.

Nicht etwas. Sie selbst.

Sie stand auf und steckte den Stecker der Lichterkette in die Steckdose. Waren es 20 Lämpchen? 40? 50?

Sie hätte gerne gezählt. Aber dazu reichte die Kraft nicht. Die reichte heute nur noch für eins. Für eine Entscheidung.

Jenna suchte nach den Streichhölzern und zündete die Kerzen auf dem Adventskranz an. Alle vier auf einmal. Als sie das Streichholz ausblies, hörte sie, wie Wilhelm seinen Gast zur Tür begleitete.

»Er ist wahrscheinlich bei seiner Freundin untergekrochen. Die muss ja irgendwo sein!« Wilhelm Bednarz senkte die Stimme. »Und wenn sie nicht bei ihrer Mutter ist …«

»Das finden wir für Sie heraus.« Die Stimme des Detektivs klang dunkel. Jenna beugte sich vor, um besser zu hören.

»Ich verlasse mich auf Sie!«

»Wiedersehen!«

Die Haustür schlug zu. Jenna straffte die Schultern und stellte sich neben den Christbaum. Mit der unverletzten Hand rückte sie ein paar Kugeln zurecht. »Wilhelm?«, rief sie.

Ihr Mann stieß die Tür auf. »Hier bist du also!«

»Was ist mit Gerolf? Hat er sich gemeldet?«

»Nein. Aber ich treibe ihn schon auf.«

»Denkst du, ihm ist etwas zugestoßen?«

Ihr Mann warf ihr einen hasserfüllten Blick zu. Er antwortete nicht.

Er hat keine Angst, dachte Jenna. Er weiß gar nicht, was das ist: Angst. Er ist nur wütend. Das war gefährlich. Sie musste ihn ablenken.

»Wie findest du den Baum?« Sie trat zurück und musterte den Christbaum, als sei diese Fichte ihre bisher größte Lebensleistung. Dabei hatte sie sie weder gekauft noch eigenhändig geschmückt. Weihnachten war in dieser Familie eine Farce.

»Ja, ja!« Wilhelm nickte. Wie immer war er in Gedanken woanders. Sie würde sich nicht mehr darüber ärgern. Sie würde den Umstand für sich nutzen.

»Ich hole mir ein Glas Wein. Möchtest du dich anschließen?«

»Ich habe noch zu tun.«

Damit verließ Wilhelm das Wohnzimmer.

Jenna ging in die Küche und nahm eine Flasche Chardonnay aus dem Kühlschrank. Sie goss sich ein Glas ein. Behutsam trug sie es die Stufen zum Schlafzimmer hinauf. Hinter sich schloss sie ab; es war unnötig. Nach der vorherigen Nacht würde Wilhelm sich nicht wieder an ihr vergreifen. Tatsächlich klang es völlig albern, aber seine Frau zu verprügeln kostete ihn Kraft. Er wurde auch älter. Wie alle.

Jenna lächelte.

18

Ich brauchte jetzt echt was zu trinken. Am besten was Starkes. Und am liebsten hätte ich Wichs Astor zu meinen Füßen. So ein agiler Boxer würde meine Laune vermutlich heben. Vielleicht wäre es keine schlechte Idee, mir einen Hund anzuschaffen. Die Vierbeiner schleppten keine komplizierten Geschichten mit sich herum. Sie spielten keine Spielchen und benahmen sich im Normalfall loyal. Genau das Gegenteil von Menschen. Für einen winzigen Moment dachte ich an Piet. Er hatte nicht versucht, mich anzurufen, und wenn, dann hätte ich ihn weggedrückt. Soweit kam es noch, dass ich ihm nachheulte!

Ich fühlte mich unglaublich mies. Eine Partie Solitär, eine einzige, um die Spannung abzubauen, käme mir gerade recht. Ich machte mir nichts vor: Wenn ich hier in der Einsamkeit der Fränkischen Schweiz einen Computer und einen Internetanschluss hätte – ich würde rückfällig werden. Meine Hände zitterten, ich schwitzte. Untrügliche Zeichen.

Die seltsame Wahrsagerin schien irgendeinen Kleister in mein Bewusstsein gegossen zu haben. Starke Konstitution. Schriftstellerische Begabung. Kreise auf der Lebenslinie. Vorsicht vor Unfällen. Alles erschien mir absurd, widersinnig. Am liebsten hätte ich das Haus sofort zugesperrt und den Abgang gemacht. Zum Flughafen. Nichts wie weg. Sollte Moni hierbleiben. Für ein paar Minuten spann ich den Tagtraum weiter. In weniger als einer Stunde wäre ich am Airport in Nürnberg. Irgendein Ticket in eine warme Gegend würde es bestimmt noch geben. In sechs Tagen war Weihnachten. Ich konnte kaum die einzige Person sein, die einen Rappel bekam.

»Entschuldige.« Moni stand plötzlich neben mir. Ich fuhr zusammen.

»Du kannst einen aber dermaßen erschrecken!«, belferte ich.

»Sorry.«

»Gibt's da noch irgendwelche Talente in dir, außer dass du dich ohne Ende entschuldigen kannst?« So schnell wollte ich aus der Empörungsrolle nicht raus. Eigentlich wäre ich diejenige gewesen, die sich entschuldigen musste. Beinahe hätte ich Moni da drüben in Solmbach ausgesetzt.

Sie holte zwei Gläser aus dem Schrank und goss uns Rotwein ein. Mit meinem Tremor wäre ich dazu nicht imstande gewesen.

»Danke.« Ich hockte mich an den Tisch und stützte den Kopf in die Hände. Wie sollte es jetzt weitergehen? Ich saß mit einer Verrückten fest.

»Mir ist was eingefallen«, sagte Moni. Sie sank neben mir auf die Eckbank.

»Ach?«

»Ich habe was verloren. Was Wichtiges.«

Was konnte so wichtig sein? »Hausschlüssel, Ausweis, Kreditkarte?«

»Schlimmer!«

Ich nahm ein paar tiefe Schlucke. Keine gute Idee, Wein gegen den Durst zu trinken, aber der Alkohol erzeugte sofort eine wohlige Wärme in mir. Halbwegs aufnahmebereit lehnte ich mich zurück. »Was kann schlimmer sein?«

»Ein Armband.« Moni hielt ihre Hände von sich weg. »Ein Weihnachtsgeschenk. Von Gerolf.«

»Und?«

»Ein ziemlich teures. Todschick. Ein Unikat. Silber und Smaragde. Aus einem Atelier in München.«

Ich begann zu begreifen.

»Aus der Maximilianstraße? Wo die Saudis kaufen?«

Sie hob die Schultern. »Auf Geld kommt es in Gerolfs Familie nicht an. Ich habe das Teil so gut wie immer getragen. Hin und wieder nahm ich es ab. Weil es beim Schreiben störte. In der Uni zum Beispiel. Gerolf sah mich dann immer tadelnd an. Er ...«

»Klar«, unterbrach ich. »Er dachte, so ein wertvoller Klunker, der kommt unter die Räder. Studenten brauchen immer Geld.«

Irgendwie erwartete ich, dass sie mich entrüstet ansehen würde. Schließlich sind nicht alle Studenten potenzielle Juwelendiebe.

»Ich habe es verloren. Er war furchtbar enttäuscht.« Sie senkte den Kopf. »Und sein Vater hat mich deswegen sogar angerufen. Sein Sohn würde sich Hoffnungen machen ... er ist mir richtig auf die Zehen gestiegen. Weil ich seinem Sohn nicht gut täte. Der Mann kann einem wirklich Angst machen!«

Ich erwartete Tränen, deswegen sagte ich rasch:

»Okay, sorry, das war natürlich Quatsch zu unterstellen, dass deine Kommilitonen auf Raub aus gewesen sind. Unter Umständen hast du es ja irgendwo abgelegt und vergessen.« Zugegeben, Moni schien mir nicht der sorglose Typ zu sein, der seine Sachen überall verstreute.

»Auf Jackos Party, darüber habe ich mir längst den Kopf zerbrochen. Aber …«

»Jackos Party?« Weil sie schwieg, ging ich aufs Ganze. »Dein Gedächtnis kommt also zurück? Du warst auf einer Party?«

Sie nickte.

»Genial. Ein Hauptgewinn. Wo? Mit wem? Ruf die Leute an und frag, was passiert ist.«

»Um Himmels willen! Ich kann das nicht machen. Die bringen mich um.«

»Die Leute, die mit dir auf einer Party waren? Wohl kaum.« Am Ende machte ihre Panik doch Sinn? Wenn nämlich Moni die Böse war, diejenige, die einem anderen etwas angetan hatte? So was gab es. Leute konnten zum Mörder werden und es vergessen. Amnesie als Selbstschutz. Abgesehen davon, dass Moni ihren Gedächtnisverlust eventuell nur spielte, um erstmal unterzutauchen und die Dinge für sich klarzukriegen.

»Ruf diesen Jacko an!«, insistierte ich. »Vielleicht hast du das Armband auf dem Klo abgenommen. Zum Händewaschen.« Ich selbst trug überhaupt keinen Schmuck. Piet hätte mir auch nie was Wertvolles geschenkt. Smaragde sowieso nicht. Nicht einmal etwas Billigeres, einfach deshalb, weil er wusste, dass ich mir nichts daraus machte. Beim Drummen störte Schmuck. Sogar meine Armbanduhr nahm ich immer ab, wenn ich spielte, befestigte sie allerdings an einer Gürtelschlaufe. Weil ich nämlich definitiv der Typ Mensch war, der solche Sachen liegen ließ.

»Nein. Ich glaube nicht. Ich hatte es noch, als wir zum Auto gingen.«

»Wer ›wir‹?«

»Gerolf und ich.«

»Ihr habt dir Party gemeinsam verlassen?«

Sie nickte. »Ich glaube schon. Wir bleiben nie lange auf Partys. Gerolf will immer bald aufbrechen. Er will mich für sich haben.«

»Darf ich lachen?« Ich schüttelte den Kopf. »Erstens: Du redest im Präsens. Willst du im Ernst behaupten, dass dieser Idiot, der dir die Arme zerschneidet, noch zu deiner Gegenwart gehört? Denk mal nach. Zweitens: Was ist denn das für eine Aussage, er will dich für sich haben. Besitzt er dich? Hat er dich für den Gegenwert eines Smaragdarmbands käuflich erworben? Das ist ja schlimmer als ein Groschenroman.«

Moni reagierte nicht auf meine Anschuldigungen. Sie drehte ihr Weinglas in den Händen.

»Ich hatte es noch, als wir gingen. Ich blieb dran hängen, als ich in meine Jacke schlüpfte.«

»Na, da gibt dein Gedächtnis ja ein paar Details preis.«

Sie strich sich eine Strähne hinters Ohr.

»Sven war auch da.«

»Sven?« Ich tat mir schwer mit Namen. Vor allem, wenn ich die dazugehörigen Gesichter nicht kannte.

»Eigentlich war das eine Party von den Jura-Leuten. Und weil bei Jacko so viel Platz ist und weil seine Eltern bis Neujahr verreist sind …«

»Hilfe!« Ich lachte auf. »Wie alt seid ihr? Habt ihr keine eigenen Buden, in denen ihr feiern könnt?«

Moni wandte mir ihr Gesicht zu. »Wie willst du denn in einem Mietshaus feiern, wenn rechts und links und überall Leute wohnen, die sich gestört fühlen?« Zum ersten Mal, seit wir einander getroffen hatten, trug sie einen überheblichen Ausdruck zur Schau.

»Einladen zum Mitfeiern. Genau so haben wir das in Berlin gemacht. Die ganze Hütte hat gebebt. Etliche Stockwerke. Das waren Feten.«

»Für dich ist dieses Leben aus Berlin Vergangenheit.« Sie hatte es nicht als Frage formuliert.

»Ja. Wahrscheinlich. Und schon lange.« Letzteres hatte ich nicht laut aussprechen wollen. Aber es half nichts. Ich konnte mich bis an mein Lebensende weiter belügen. Skunky Pie war over and out, jene Zeiten, als ich Freunde gehabt hatte. Als es noch einen Mann in meinem Leben gab.

»Wir liefen zum Auto«, redete Moni weiter. »Es schneite. Gerolf hielt mich am Arm. Ich war gar nicht richtig für eine Party gekleidet. Jeans und Pulli. Stiefel. Gerolf hatte mich kritisiert, bevor wir zu Jacko gingen. Er mag es, wenn ich mich schick herrichte.«

»Kannst du das?«

Sie lachte auf. Ich hatte sie noch nie lachen hören. »Kannst du denn?«

Ich grinste. »Doch. Zu Zeiten meiner Band …«

Ich dachte an die schwarzen Klamotten, die wir auf der Bühne trugen, und die schrägen Anhänger, die wir uns als Lichtfänger um den Hals hängten. Billiger Plunder, aber wir fanden es cool. Unser Outfit und alles. Wir hatten keinen Grund, an uns zu zweifeln.

»Ich glaube, jemand kam hinter uns her«, griff Moni den Faden wieder auf.

»Wer?«

Sie biss sich auf die Lippen.

»Moment. Du meinst, jemand, der mit euch auf der Party war, kam euch nach?«

Sie nickte.

»He, das kann die Lösung sein. Hat euch jemand gerammt? Komm, denk nach!« Aufgeregt fasste ich nach ihrer Schulter. Sie zuckte zurück. »Bei dem Wetter wäre es doch denkbar, dass euch jemand unabsichtlich reingefahren ist.«

»Wir sind in Gerolfs Wagen gestiegen.« Sie achtete gar nicht auf meine Einwürfe. Ich schien einer Art Stream of Consciousness beizuwohnen.

»Und?«

»Wir sind losgefahren. Ich bin mir sicher.«

»Wer kam euch nach? Ein Mann? Eine Frau? War es dieser Sven?«

»Als wir einstiegen, sah ich zurück zur Haustür. Da stand jemand.«

»Wer, Moni?«

»Ich weiß es nicht.« Sie sah mich an. »Wirklich nicht.«

Okay. Das glaubte ich jetzt einfach.

Kurz darauf verkroch Moni sich im Bett. Ich war mal wieder mit der Hausarbeit allein. Lustlos zerrte ich den Abfallbeutel aus dem Eimer unter der Spüle. Der lief bereits über, und keine von uns hatte daran gedacht, brav den Müll zu trennen. Genervt zog ich zwei leere Weinflaschen aus der Tüte. Darunter befand sich was Helles, Fleckiges. Mit spitzen Fingern griff ich danach. Monis blutiger Pullover!

Eine Weile blieb ich in der Hocke sitzen und starrte in den Müll. Schließlich stopfte ich ein paar Blätter Küchenrolle auf den Pulli, band die Tüte fest zu und warf sie draußen in die Tonne. Für ein paar Sekunden stand ich da und sah auf das schlafende Rothenfels hinab. Der Weihnachtsbaum bei der Kirche leuchtete hell in dem tintenschwarzen Tal. Irgendwo hörte jemand Rockmusik in seinem Auto. Die wummernden Bässe kamen näher, verstummten. Ich hob mein Gesicht in den dunklen Himmel, zählte drei Sterne und ging wieder hinein.

19

Am nächsten Morgen, als ich aufwachte, kroch milchiges Licht über die Bergspitzen. Ausgiebig gähnend betrachtete ich einen Schwarm Krähen, der vom Felsen hinter meinem Haus aufstob und mit lautem Gekrächze hinunter ins Dorf flog, um sich dort auf dem Kirchendach niederzulassen. Der Ort lag noch in den Schatten der Dämmerung, doch die weiß verschneiten Dächer sandten ein merkwürdiges Glimmen in den Morgen. Irgendwo kläfften Hunde. Die Vierbeiner in Rothenfels schienen nicht auf gutem Fuß miteinander zu stehen, denn ihr Gebell klang durch die Bank aufgebracht und angriffslustig.

Ich ging in die Küche. Moni saß schon da. Sie hatte Kaffee gemacht und musterte, die dampfende Tasse vor sich, ihre Haarspitzen.

»Hi. Morgentoilette?«, knurrte ich.

»Ich muss zum Friseur.«

Während ich mir Kaffee nahm, glühte eine Idee in meinem Kopf auf. Eine feine, kleine Idee.

»Warum? Haare zu lang?«

Sie zuckte die Achseln. »Ich brauche eine Veränderung.«

»Gute Entscheidung. Erst kommen die Haare runter, dann säbelst du deinem Typ den Ast ab, auf dem er sitzt.«

»Ungefähr so viel.« Moni spreizte Daumen und Zeigefinger so weit sie konnte.

Mir gefielen ihre blonden Locken eigentlich. Sie wirkten zwar stets strähnig, waren irgendwie ungepflegt und hingen langweilig auf ihre Schultern herab. Wenn sie sich ein bisschen mehr Mühe geben, was Farbenfrohes anziehen und eine Blume ins Haar stecken würde, sähe sie aus wie frisch aus den Siebzigern heimgekehrt.

Der kleine, geniale Einfall in meinem Hirn rumorte.

»Fahren wir nach Forchheim«, schlug ich vor. »Dort findest du garantiert einen Friseur, und ich sehe endlich mal was anderes als meine eigenen vier Wände.«

Es klingelte an der Tür. Moni verkroch sich sofort in einen Kokon aus Panik.

»Bleib ruhig. Niemand kann dich hier finden!« Ich stand auf.

»Wich!«, rief ich, als ich die Tür einen Spalt öffnete.

Astor schob seine stumpfe Schnauze herein und drückte die Tür auf. Er begrüßte mich feuchtfröhlich. Ich klopfte ihm die Flanken. Netter Kerl.

»Morgen«, sagte Wich.

»Morgen.« Ich verschränkte die Arme. Die Luft draußen war eiskalt. Mein Atem schien vor meinem Gesicht zu gefrieren. »Willst du reinkommen? Einen Kaffee trinken?«

»Danke, ein andermal. Wir machen gerade unseren morgendlichen Rundgang.« Wich senkte die Stimme. »Sei ein bisschen vorsichtig mit deinem Feuerholz.«

Ich starrte ihn verständnislos an.

»Feuerholz?«

»Dein Schuppen stand eben sperrangelweit offen. Damit lädst du sämtliches Viechzeug der Umgebung ein, dieses komfortable Hotel zu nutzen. Und zudem: Das Holz wird davon nicht trockener.«

Ich warf mir meinen Anorak über und ging zum Schuppen. »Ist doch zu!«, rief ich über die Schulter.

»Ich hab die Tür zugemacht und das Schloss davor wieder einrasten lassen. Bin vorher sogar reingegangen. Habe gedacht, jemand könnte drin sein. Deine komische Freundin vielleicht.«

»Sie ist nicht wirklich komisch, Wich. Sie macht eine schwere Zeit durch.«

Er sah mich mit schief gelegtem Kopf an. »Machen wir das nicht alle?«

Missmutig blickte ich auf den zertrampelten Schnee. Wichs Spuren, meine, Monis, Astors und zudem der schmale Reifenabdruck der Schubkarre. Ich ging täglich zweimal zum Holzholen. Falls jemand anderes hier gewesen wäre – wie sollte ich das jetzt noch erkennen?

»Moni ist ein bisschen durch den Wind. Sie hat wahrscheinlich vergessen, abzuschließen. Danke, dass du das gemacht hast.«

Wich musterte mich zweifelnd. »Es gibt ab und an Holzdiebe, Ilsa. Energie ist teuer geworden. Manche nehmen's, wo sie's kriegen können.«

»Ich passe in Zukunft besser auf.«

»Na dann.«

»Schönen Tag!«, sagte ich, als wir schließlich vor meiner Haustür standen. »Komm heute Abend auf ein Glas Wein rüber.«

»Ich habe Bier eindeutig lieber.«

»Auch kein Fehler.«

»Na dann«, sagte er wieder.

Ich sah seinem Rücken nach. Er ging rasch den Berg hinunter in den Ort, der sich nun immer schneller mit dem fahlen Sonnenlicht vollsog. Sein Boxer hopste neben ihm her.

»Was war los?«, fragte Moni.

»Eine von uns hat den Schuppen nicht richtig abgesperrt. Wich meint, das ist schlecht für das Holz. Außerdem könnte irgendwelches Getier dort unterschlüpfen.«

Monis Gesicht wurde noch blasser. »War jemand …«

»Da kann niemand gewesen sein. Außer einem Holzdieb. Es gibt nur einen Schlüssel zu dem großen Vorhängeschloss, und der steckt immer in meiner Anoraktasche.«

»Wenn jemand …«

»Ab und zu gab es Fälle von Holzdiebstahl, sagt Wich. Leute, die das Holz lieber klauen, statt dafür zu bezahlen.«

»Aber ich habe nicht … Ich bin bloß ein einziges Mal Holz holen gegangen!«

»Kann sein, dass ich vergessen habe, abzuschließen«, erwiderte ich cool. »Manchmal bin ich mit den Gedanken woanders.« Schließlich war Abgelenktsein nicht allein das Privileg von Leuten wie Moni.

Freilich hatte garantiert nicht ich das Vorhängeschloss am offenen Riegel baumeln lassen. Und ich kannte keinen Marder, der so etwas tun würde. Ich verbiss mir ein Grinsen. Marder waren alles in allem recht umsichtige Tiere.

20

Gerolf geht zur Stereoanlage und legt eine CD ein. Moni setzt sich auf den Teppich. Das Feuer ist heruntergebrannt, die wenigen Scheite im Kamin glühen nur noch. Ihr ist kalt, aber sie wagt nicht, sich etwas überzuziehen.

Musik klingt durch das Zimmer. Bach. Das Weihnachtsoratorium.

Gerolf regelt die Lautstärke herunter. Mit der Fernbedienung in der Hand kommt er zu Moni zurück. Dabei streift er den Weihnachtsbaum. Die weißen Kugeln geraten ins Schaukeln. Er nimmt die Champagnerflasche aus dem Cooler und prüft ihren Inhalt. Setzt die Flasche an die Lippen und trinkt. Stellt sie ab.

»Komm mit. Ich möchte dir etwas zeigen.«

Er greift nach Monis Hand und zieht sie hoch.

»Lass mich etwas anziehen, Gerolf.«

»Nur ganz kurz.«

Sein Griff ist hart. Sie folgt ihm auf den Korridor. Nach der Wärme im Wohnzimmer trifft sie die kalte Luft hier wie eine brutale Welle. Gerolf öffnet die Tür zum Keller und schiebt sie vor sich her die Treppen hinunter. Monis bloße Füße tappen im Dunkeln über die Stufen. Unten schaltet Gerolf Licht an.

»Was willst du mir zeigen?«, fragt Moni atemlos.

Beim Sprechen bildet sich eine Wolke vor ihrem Mund. Sie zittert.

Wortlos zerrt Gerolf sie durch die Waschküche. Er sperrt eine Tür auf. Eisige Luft strömt herein.

»Komm!«

»Nein!« Sie keucht. »Gerolf, nein. Mir ist kalt.«

Er dreht sie mit einer schnellen Bewegung zu sich.

»Du liebst mich, hast du gesagt?«

Sie nickt mit klappernden Zähnen.

»Und das gilt?«

»Ja.«

»Das gilt immer, ja? Generell. Oder nur, wenn du vor dem warmen Kaminfeuer sitzt?«

Natürlich ist das alles Irrsinn. Er muss verrückt sein.

»Ich liebe dich immer.« Moni kann sich kaum auf den Beinen halten.

»Dann komm mit.« Er zieht sie hinter sich her ins Freie. Sie steigen die Außentreppe hinauf in den Garten. Monis nackte Füße berühren den Schnee. Binnen einer Minute spürt sie ihre Beine nicht mehr.

Es schneit nach wie vor.

»Ich will dir den Sternenhimmel zeigen.«

Am Himmel sind keine Sterne zu sehen. Da ist nichts als Finsternis, aus der Schneeflocken rieseln, die in Monis Haut stechen.

»Das ist unser Weihnachten, Moni. Und alle diese Sterne sind für dich.«

Er lacht. Es klingt hohl und unwirklich. Aber Moni zittert so sehr, dass sie nur an eins denkt: Sie muss ins Warme. Sofort.

»Lass uns reingehen, Gerolf.« Sie kann kaum noch sprechen.

Gerolf lässt ihr Handgelenk los. Streckt die Hände aus und fängt die Schneeflocken ein. Sie schmelzen auf seiner Haut. Er steht einfach stocksteif da und lächelt in die Nacht.

Moni dreht sich um und hastet ins Haus.

21

Ich hatte Moni Geld gepumpt, bei einem Friseurladen abgesetzt und mir ein Internetcafé gesucht. Schließlich wollte ich trotz der Nervosität über den offenen Holzschuppen meinen genialen Einfall nicht vernachlässigen. Während ich es mir am PC bequem machte und aus meinem Anorak schlüpfte, fiel mir auf, dass nur jemand mit einem Schlüssel das Schloss offen hatte hängen lassen können. Das Teil war ja nicht aufgesägt oder so. Es sah völlig unversehrt aus.

Und nur ich hatte den Schlüssel.

Ich loggte mich bei Facebook ein. Unsere Frontfrau hatte zu Skunky Pies guten Zeiten darauf bestanden, eine Fanseite einzurichten. Ziemlich bald hatten wir jedoch aufgehört, uns darum zu kümmern. Die Zugangsdaten für mein eigenes Konto hatte ich allerdings noch im Kopf.

Ich surfte ein bisschen herum und entdeckte Einträge von Fans, deren Treue zu einer Band, die längst den Radieschen der Musikgeschichte von unten beim Wachsen zusah, mir Tränen der Rührung in die Augen trieb. Auch die Alben mit den Fotos unserer besten Gigs trugen nicht dazu bei, meine Laune zu heben. An einem trüben, kalten Tag wie diesem reichte wenig, um mich melancholisch zu machen.

Nach einer halben Minute Selbstleid straffte ich die Schultern. Ich suchte Monis Seite. Da ich ihren Nachnamen nicht kannte, brauchte ich erst gar nicht mit der Suchmaske zu arbeiten. Ich gab probehalber ›Uni Erlangen‹ ein, klickte ein bisschen herum und fand schließlich eine Gruppe; sie hieß ›Cheerio, my friends‹ und organisierte inoffizielle Repetitorien für Jurastudenten. Das Ganze wirkte ziemlich handgestrickt. Kein Wunder, denn die hochgeladenen Fotos sprachen eine Sprache, die nichts mit Lernen und Prüfungen zu tun hatte. Eher mit Partys. Die Gruppe war für jedermann offen. Ich checkte die Mitglieder. Weit über 500. Entmutigt scrollte ich über die Pinnwand. Immer dieselben Leute hatten Einträge gepostet und diverse Fotos wortreich kommentiert. Bekiffte Typen glotzten weggetreten in die Kamera. Man sah viele Zungenpiercings und las Kommentare, die sich so gut wie ausschließlich auf die sexuellen Vorlieben der Abgebildeten konzentrierten. Ich stöhnte. Dagegen war Skunky Pies überlebte Seite die reinste Hochkultur!

Nach einigen weiteren Klicks fand ich ein Foto, das mir einen kurzen Aufschrei der Überraschung entlockte. Es zeigte einen im Halbdunkel liegenden Raum mit mehreren darin verteilten Sitzsäcken. Auf einem knutschte ein Pärchen. Und auf einem anderen … saß Moni. Oder lag. Oder halb und halb. Auf einem Sitzsack konnte schließlich niemand sitzen.

Wie elektrisiert klickte ich auf das Foto. Es war vorgestern gepostet worden. Einen Tag, nachdem ich Moni aufgesammelt hatte. Es konnte passen. Genau dieses

Foto konnte sie auf der Party zeigen, die sie gemeinsam mit ihrem Freund Gerolf verlassen hatte und nach der sie irgendwie verschütt gegangen war.

Facebook war besser als die Stasi. Nach wenigen Minuten hatte ich Fotos eines weiteren Gruppenmitglieds gefunden, ein Nutzer, der sich die Mühe gemacht hatte, die Namen der abgebildeten Personen zu markieren. Monika Neumann.

Ich klickte.

Kam zu Monis Seite. Ich schlug mit der flachen Hand auf den Tisch. Himmel, Arsch und Gewitter. Zwar hatte Moni ihre Seite seit Wochen nicht mehr mit Informationen bestückt, aber unter ›Info‹ fand ich genügend Hinweise auf ihr Leben. Studiert Jura an der Friedrich-Alexander-Universität in Erlangen. In einer Beziehung mit Gerolf Bednarz.

Ich checkte ihre Freunde. Die Liste war nicht besonders lang. Entweder hatte Moni keine Freunde, oder sie hatte keinen Bock auf Facebook und aus dem alleinigen Grund mitgemacht, weil man das eben so machte.

Monika Neumann. Gerolf Bednarz.

Ich klickte auf die Seite ihres Freundes. Sie war geschützt. Ich schickte ihm eine Freundschaftsanfrage. Vielleicht gehörte er ja zu den Leuten, die alle Anfragen unbesehen annahmen.

Zurück bei den Partybildern entdeckte ich nach kurzer Zeit den Namen Jacko. Ein Mann mit kurzen, rotbraunen Locken und einem breiten Grinsen, der einen Cocktailshaker in der Hand hielt. Er war der Admi-

nistrator der ›Cheerio, my friends‹-Seite. Logischer-
weise besaß er auch ein privates Facebook-Konto und
gehörte obendrein zu den sonnigen Typen, die ihre
private Handynummer in einem offenen Profil hinter-
legten. Ich angelte mein Handy aus der Anoraktasche.
Bezeichnend, dass mein erster Anruf, seit mein Mann
mich verlassen hatte, überhaupt nichts mit mir zu tun
hatte, sondern mit einer ganz anderen Frau.

Es klingelte drei Mal. Dann antwortete eine Stimme
unwirsch: »Hallo?«

»Jacko? Hier ist«, ich zögerte kurz, »Andrea.«

»Andrea?«

»Ja. Die Party! Am Montag! Bei dir!«

»Ähm … doch, klar.«

Er war so besoffen gewesen, dass er sogar glauben
würde, mit einem Eisbären getanzt zu haben.

»Ja, ich wollte dich nur fragen, wegen Moni, ob du
sie gesehen hast seit Montag?«

»Moni?«

»Na, Moni! Monika Neumann!«

»Äh, nee, die habe ich nicht gesehen.«

»Sie ist doch früher gegangen. Jedenfalls …« Ich gab
mir größte Mühe, meiner Stimme den Anstrich einer
nervösen Partytusse zu geben, »Moni hat noch Bücher
von mir, die ich dringend brauche, aber sie ist unauf-
findbar.«

»Ruf ihre Mutter an.«

»Ich … ehm …«

»Elfriede Neumann in Spalt. Kann doch nicht so
schwer zu finden sein!«

»Nein, ist klar. Du hast wohl keine Ahnung, warum sie früher weg ist, oder? Von der Party, meine ich.«

Jacko stöhnte leise. »Was soll das schon heißen, die geht immer früher. Will Gerolf für sich haben.«

Hatte ich das Argument zuvor nicht genau in der umgekehrten Version gehört?

»Nein, klar, das läuft ja nur noch so«, quatschte ich drauflos. »Dabei hätte ich gedacht, dass sie auf den anderen steht, du weißt schon …«

»Nö. Auf wen?«

Ich rotierte. »Ihr Armband ist nicht zufällig bei dir zu Hause aufgetaucht?«

»Welches Armband?«

Diesen Jacko konnte ich abhaken. Außerdem machte sich der Akku meines Handys bemerkbar. Verflucht, Moni hatte von einem anderen Kerl geredet. Wie war noch mal sein Name? Warum ließ mich mein Gedächtnis ausgerechnet jetzt im Stich?

»Voraussichtlich versuche ich es auch bei Gerolf«, plapperte ich weiter. »Falls ich sie bei ihrer Mutter nicht auftreibe.«

»Viel Spaß.« Jacko stieß einen Ton aus, der wohl ein Lachen sein sollte. »Gerolf ist seit Montagabend wie vom Erdboden verschluckt. Ich verstehe sowieso nicht, was er an Moni findet. Sie hintergeht ihn, wo sie kann. Alle wissen das.«

»Sie … was?«

»Sie kann sich lange bemühen. Gerolf ist ein Macher. Der findet locker einen Ausweg. Trotz allem, was sie ihm antut.«

Mein Handy gab hektische Pieptöne von sich. Und mir fiel absolut keine intelligente Frage mehr ein. Bis mir plötzlich der Name des Mannes wieder ins Hirn flutete, den Moni gestern Abend genannt hatte.

»Hast du was von Sven gehört?«

Klick. Mein Handy war tot.

Ich saß die restliche Stunde im Internetcafé ab, ohne dass Gerolf meine Freundschaftsanfrage annahm. Die Partyfotos langweilten mich längst. Einen Sven fand ich auch nirgends. Vermutlich gehörte er zu den Standhaften, die sich von Facebook fernhielten.

Schließlich holte ich Moni beim Friseur ab. Ihr Haar war jetzt gerade kinnlang und lockte sich viel mehr als zuvor.

Ich hatte eine Menge Fragen.

22

Im Supermarkt in Ebermannstadt stockten wir unsere Vorräte auf. Ich war ziemlich kurz angebunden. Moni spielte irgendein linkes Spiel. Von Betrügern hatte ich ein für alle Mal genug. Ich dachte an meinen Mann und Anita. Sollte tatsächlich in manchen Beziehungen die Frau das Schwein sein? Ehrlich gesagt passte das nicht in mein Weltbild. Und genauso wenig in meine Lebenserfahrung. In den allermeisten Fällen von Zwist und Verrat waren die Männer die Drecksäcke.

Die penetranten Weihnachtssongs ignorierend warf ich eine frische Packung Reis und Seafood aus der Kühltruhe in den Einkaufswagen. Moni schlenderte neben mir her. Sie wirkte nach wie vor angreifbar, ängstlich und scheu, aber die neue Frisur schien ihr Auftrieb zu geben. An der Kühltheke blieb sie stehen und bestaunte ihr Aussehen in der spiegelnden Glasabdeckung.

Moni als Verräterin, die ihrem Freund Schlimmes angetan hatte ... was könnte das sein? War sie so eine gute Schauspielerin, die Schüchternheit hervorkehrte, tat, als könnte sie kein Wässerchen trüben, und hintenrum ein fieses Spiel spielte?

Ich griff nach einer Packung Lebkuchen. Seit September hatte ich erfolgreich der Versuchung widerstanden, das süße Zeug in den Einkaufswagen zu legen. Nun war es an der Zeit. Ich wählte die Version mit der dicksten Schokoschicht. Ich brauchte was für die Nerven.

Nichts passte zusammen. Dass Moni diesem Gerolf irgendwas angetan hatte, konnte ich mir schlicht nicht vorstellen. Was sollte das sein? Hatte sie ihm Studienunterlagen gestohlen? Dazu fehlte ihr die Chuzpe. Körperliche Gewalt kam schon gar nicht infrage. Eher psychische. Heimtückische Manipulation. Jedoch: In meiner Wahrnehmung war eher Moni das klassische Opfer. Ängstlich, immer auf der Hut, nur nichts falsch zu machen. Sie war ein Mensch, der sich unaufhörlich prophylaktisch entschuldigte. Konnte sie dermaßen gut schauspielern?

Als wir uns an der Kasse anstellten, beobachtete ich sie genau. Sie zog ihre Kapuze über den Kopf, sah sich aufmerksam um, aber der befürchtete Schreianfall blieb aus. Die Kassiererin war dieselbe wie vorgestern. Sie musterte uns besorgt, als bestünde Gefahr, dass wir ihren öden Alltag durch seltsames Verhalten noch mühseliger machen würden.

Ich bezahlte, während Moni die Sachen in eine Papiertüte packte.

Im Auto fragte ich: »Erinnerst du dich inzwischen, wo du das Armband gelassen hast?«

»Nein.«

»Wirklich nicht?«

»Nein!« Ihre Stimme wurde eine Spur ungeduldig. Vielleicht konnte ich sie doch noch hinter dem Ofen hervorlocken, sie unter Stress setzen, damit sie ihr wahres Gesicht zeigte. Allerdings musste ich achtgeben, mein Pulver, das Jacko mir geliefert hatte, nicht allzu schnell zu verschießen, schließlich wusste ich kaum etwas Konkretes.

»Wenn es nicht bei Jacko ist, wo ist es dann?«

Sie seufzte. »Ich kann Gerolf ohne das Teil nie mehr unter die Augen treten.«

»Damit hast du es ohnehin nicht eilig, stimmt's?«

Wir verließen Ebermannstadt. Der Himmel hatte sich vollständig zugezogen. Schneeflocken rieselten aus dem schaumigen Grau über uns. Der Verkehr auf der Gegenseite bestand aus einem einzigen Stau. Jeder wurde allmählich hektisch: Die letzten Geschenke mussten besorgt werden, das Wochenende stand vor der Tür, und am Montag hatte alles perfekt zu sein. Der Heilige Abend! Ich schnaubte. Piet und ich hatten uns wenig daraus gemacht. Wir hatten etwas gekocht und eine Flasche geöffnet. Meistens war ich später für eine Stunde zum Drummen in den Keller gegangen. Hatte anschließend ein Spiel gemacht. Oder zwei. Wenn Piet schon im Bett lag und schnarchte.

Diese Phase meines Lebens war vorbei. Abgesehen von einer Menge Problemen, die sich an mich klammerten, hatte ich wenigstens eines abgeschüttelt: die Sucht. Obwohl mir vorhin im Internetcafé die Finger gejuckt hatten, hatte ich keine einzige Seite aufgerufen, auf der ich hätte rückfällig werden können.

Vor uns keuchte ein Schneepflug den Rothenfelser Berg zu meinem Haus empor. Mehr als einmal hatte ich Angst, er würde zurückrutschen und uns zerquetschen. Seine Ketten rasselten bedrohlich. Zum Glück kroch das Riesenteil beharrlich hinauf und verschwand schließlich über die Hügelkuppe im Wald.

Ich hielt vor dem Haus. Schloss auf. Moni trug die Tüte hinein. Ich machte eine Runde um das Grundstück und checkte das Schloss am Holzschuppen. Alles war in Ordnung. Unten in Rothenfels flackerte die Weihnachtsbeleuchtung. Fast jeder Hausbesitzer hatte mittlerweile einen Baum im Garten aufgestellt. Der Felsen hoch über mir war angestrahlt. Schaurig-romantisch, übler ging es nicht. Es schneite nun dichter. Die Flocken segelten auf mich herab, und für ein paar Sekunden hielt ich die Hände in die Luft, wie um das kalte Weiß aufzufangen.

Wo Piet wohl steckte? Ob es da, wo er war, auch schneite? Vielleicht hatte er mit seiner Anita einen Flieger nach Dubai genommen, und nun streiften sie dort durch eine Shoppingmall, wo er ihr ein Schmuckstück kaufte. Weil er endlich eine Frau aufgetrieben hatte, die sich für Klunker interessierte. Womöglich war das einfach ein Verhalten, das er von mir erwartet hatte. Dann war er enttäuscht worden. Von einer Frau, die lieber drummte und obendrein spielte.

Ich ließ die Arme sinken und ging ins Haus. Aufgewühlt kickte ich die Stiefel weg. Der Ofen war ausgegangen. Es war eiskalt. Genervt räumte ich die Asche weg und stapelte neues Feuerholz auf. In der Küche rumorte Moni. Ob es zu erwarten stand, dass sie heute ungefragt mit dem Kochen anfing?

Als die Flamme genüsslich die Anzündhölzer zu verzehren begann, schlug ich die Luke zu und ging in die Küche.

»Monika Neumann, wir müssen reden.«

Monis Geschichte, die sie mir beim Abendessen anvertraute, war denkbar simpel. Ich brauchte nur ein paar Dinge zu dem zu addieren, was sie mir bereits über Gerolf erzählt hatte. Daraus ergab sich ein schauerliches Bild, das mit meiner eigenen lausigen Stimmung zu etwas noch Scheußlicherem verschmolz. Monis Version lautete wie folgt:

Gerolf sülzte Moni vor, was für eine schreckliche Kindheit unter der Kontrolle eines despotischen Vaters er gehabt hatte. Moni empfand Mitleid. Das typische Helfersyndrom, dem viele Frauen anheimfielen. Sie wollte ihm beweisen, wie sehr sie ihn liebte, wie sehr er ihr vertrauen konnte, weil sie immer zu ihm halten würde.

Zwar fand sie bald heraus, dass Gerolf sie in allen möglichen Angelegenheiten belog. Nichts Dramatisches, eigentlich ging es um Kleinigkeiten. Aber sie rechtfertigte es mit seiner dramatischen, gewaltumschatteten Kindheit. Sie dachte, weiblich-dumm, wenn sie nur durch dick und dünn mit ihm ginge, würde er das notorische Lügen, welches sie für reinen Selbstschutz hielt, aufgeben.

Moni richtete sich in allem nach Gerolf. Dabei wusste sie nie, was sie erwartete, wenn sie ihn traf: eine zärtliche Umarmung oder die kalte Schulter. Obwohl sie in seinem Verhalten keine Logik erkannte, setzte sie alles daran, die Schuld für seine Missstimmungen bei sich zu suchen und ›es‹ wieder gut zu machen. Weil Moni von Gerolfs wechselnden Launen abhing, entfremdete sie sich immer mehr von ihren früheren Freunden. Ihn auf Schwindeleien hinzuweisen, brachte nichts. Er reagierte außerordentlich unangenehm auf jede Art von Widerstand. Einmal drohte sie im Streit, ihn zu verlassen. Daraufhin ritzte er ihr die Arme auf. Sie wehrte sich nicht.

»Damit du weißt, wem du gehörst«, sagte er zu ihr, nachdem er sein blutiges Werk beendet und mit einem zufriedenen Lächeln das Federmesser eingesteckt hatte. Das war im vergangenen Oktober.

Moni zog für ein paar Tage aus ihrer Studentenbude aus und zu ihrer Mutter, doch als sie wieder in der Uni auftauchte, wandten sich die Kommilitonen voller Abscheu von ihr ab. Moni konnte sich nicht erklären, woher diese plötzliche totale Ablehnung rührte.

»Er muss ihnen irgendwas vorgeflunkert haben.« Sie stieß mit der Hand gegen ihre jetzt kurzen Locken. Irgendwie schien sie das ungewohnte Gefühl zu genießen. »Aber ich habe nicht die Spur einer Ahnung, was.«

»Hast du niemanden gefragt?«

»Niemand redet mehr mit mir, Ilsa.«

Ich biss mir auf die Unterlippe. Allzu weit hergeholt wäre es nicht, zu glauben, dass Moni Gerolf auf dem Gewissen hatte. Vielleicht war es ja Notwehr gewesen. Ich dachte an das viele Blut an ihren Händen und ihrem Pulli.

»Und deine Mutter?«, fragte ich.

»Meine Mutter ist mir keine große Hilfe. Sie findet, Gerolf wäre eine gute Partie. Seine Familie ist reich. Mein Vater ist früh gestorben. Ich erinnere mich gar nicht mehr an ihn. Wir waren immer knapp bei Kasse, weißt du?«

Ich hörte ihr nicht richtig zu.

Gerolf war von seinen Freunden seit der Partynacht bei Jacko nicht mehr gesehen worden …

Ich setzte mich eine Weile an den heißen Kachelofen, bevor ich das Ladekabel meines Handys suchte und das Telefon auflud. Moni selbst hatte keine Verletzungen, bei denen sie so viel Blut hatte verlieren können, wie sie an den Händen und der Kleidung hatte. Irgendwas stimmte hier ganz und gar nicht. Vermisste eigentlich jemand Gerolf, diesen Mistkerl? Oder war da noch ein anderer gewesen? Dieser geheimnisvolle Sven etwa? Lagen am Ende zwei Leichen irgendwo im Wald, schön zugedeckt vom Schnee oder angeknabbert von Tieren?

Ich kroch in mein kaltes Bett und zog mir die Decke über beide Ohren.

23

Es hatte wenig Sinn, sich grübelnd im Bett zu wälzen. Ich brauchte erst einmal mehr Fakten. Zu dieser umwälzenden Erkenntnis fand ich, als ich am Freitagmorgen um sieben aufstand und Kaffee aufsetzte, weil ich nicht mehr schlafen konnte. Seit fünf Uhr lag ich wach und zermarterte mir den Kopf, was in jener Nacht, als ich Moni aufgesammelt hatte, passiert war.

Letztlich kann es mir egal sein, dachte ich, während ich Milch in den tiefschwarzen Sud goss und die ersten Schlucke genoss. Allein der Geschmack vermittelte die Illusion, wach und aufmerksam zu sein.

Die Fakten, die ich besaß, waren einerseits dürftig, andererseits widersprüchlich.

Erstens:

Moni und Gerolf hatten Jackos Party früher verlassen. Das taten sie meist. Moni hatte einen Kerl namens Sven erwähnt, den Jacko nicht kannte. Es mochte also sein, dass sie irgendwas durcheinander brachte. Immerhin litt sie an Amnesie. Oder gab es vor.

Zweitens:

Ab diesem Zeitpunkt lag alles im Dunkeln, und zwar

bis zu dem Moment, wo ich eine blutbefleckte Moni hinter der Tanke aufgabelte.

Drittens:

Das viele Blut an ihren Händen und Kleidern ließ schließen, dass sie einen Unfall hatte. Oder jemanden verletzt oder sogar umgebracht hatte. Sie war mit Gerolf zusammen gewesen, was sie selbst ohne weiteres zugab und was Jacko bestätigte. Hinzu kam, dass dieser Gerolf seit jener Nacht verschwunden war.

Viertens:

Monis Version von ihrer Beziehung mit Gerolf klang anders als Jackos Version.

Seufzend goss ich mir Kaffee nach. Als ich Moni an der Tankstelle begegnete, hatte ich natürlich nicht auf die Zeit geachtet. Aber bei meiner Abfahrt aus Berlin war es genau 18.00 Uhr. Ich erinnerte mich, kurz auf die Uhr am Armaturenbrett geguckt zu haben. Bei früheren Fahrten von Berlin nach Franken brauchte ich meist gute vier Stunden. Jetzt, bei Winterwetter, mochte es ein wenig länger gedauert haben. Außerdem hatte ich am ersten Rasthof in Bayern eine Pause eingelegt. Ich konnte also nicht vor 22.30 Uhr an der Tanke gewesen sein. Wahrscheinlich 30 bis 60 Minuten später. Also ungefähr um 23.00 Uhr.

Wann konnte Moni die Party verlassen haben? Um neun, halb zehn? Das war wirklich verdammt früh. Die Feten, auf denen ich mich in meinem früheren Leben hatte blicken lassen, begannen alle erst gegen Mitternacht. Gesetzt den Fall, Jackos Gäste waren früher angerückt, schon um 18.00 Uhr oder so, gleich nach der letzten Vorlesung … dann mochte es für Gerolfs Geschmack früh genug gewesen sein, um halb zehn die Biege zu machen, um Moni für sich zu haben, wie sie das nannte. Und zwischen 21.30 und 22.30 war genug Zeit für einen Unfall oder was auch immer.

Ich hörte Moni ins Bad tappen.

Sie hatte in jener Nacht keine Jacke getragen. Hatte sie sie im Wagen ausgezogen? Manche Leute machten das so.

War sie aus dem Wagen geschleudert worden? Sie hatte immerhin schlimme Blutergüsse. Hatte jemand sie herausgezogen? Gerolf? Oder jemand anders? Aber passte das? Dass Gerolf noch eine dritte Person mitnahm, obwohl er doch Moni für sich haben wollte?

Ich kam nicht weiter. Gerade wollte ich mir die dritte Tasse Kaffee einschenken, als Moni fast lautlos hinter mich trat.

»Morgen.«

Ich fuhr herum. »Sag mal, musst du immer schleichen?«, belferte ich los. Es nervte mich, dass sie sich beinahe lautlos im Haus bewegte.

»Sorry!«

»Und hör auf, dich permanent zu entschuldigen!« Himmel, was war diese Frau kompliziert. Ich sehnte mich nach meinen Punkbandfreunden. Da wurde Klartext geredet. Keine Ausflüchte, keine komplizierten Spielchen.

»Ich …«

Am liebsten hätte ich sie jetzt so richtig ins Kreuzverhör genommen. Dazu war freilich noch Zeit genug. Ich brauchte mehr Informationen. Das Internet würde mir helfen. So oder so, ich würde Monis Geheimnis knacken.

»Lass uns frühstücken«, knurrte ich. Unvermutet wurde mir bewusst, dass ich es genoss, nicht allein im Haus zu sein. Dass ich es mochte, wenn jemand anderes sich hier bewegte, mit mir aß, das Bad benutzte, redete.

»Pass auf«, sagte ich, als ich das erste Honigbrot verschlungen hatte und neuen Kaffee aufsetzte. »Weihnachten steht vor der Tür. Es sieht so aus, als würden wir es gemeinsam verbringen. Oder hast du eine andere Meinung?«

Moni zuckte die Schultern.

»Geht also klar? Keine Lust, deine Mutter zu besuchen? Oder Gerolf?«

Seufzend strich Moni sich durchs Haar. »Ich weiß nicht.«

»Du musst doch eine Meinung haben!« Ich kam nicht klar mit Zögerlichkeit. »Ich wette, du willst an Weihnachten nicht mit Gerolf und seinem kontrollsüchtigen Vater unter einem Baum sitzen. Habe ich recht?« Vielleicht hat sie Gerolf ja umgebracht, schoss es mir durch den Kopf. »Triff eine Entscheidung, anstatt dir immer alle möglichen Optionen offenzuhalten.« Ich fügte nicht hinzu, dass dieses Verhalten zu ihrer Opfermentalität beitrug. Wer selbst keine Entschlüsse fasste, ließ sich von denen anderer Leute mitziehen.

Da sie nicht antwortete, sagte ich: »Und deine Mutter? Macht die sich eigentlich Sorgen um dich?«

Monis Gesicht verfinsterte sich. Sie presste die Lippen zusammen.

»Klar. Mit deiner Mutter stehst du gleichfalls nicht auf gutem Fuß.«

Kurz flackerte eine Erinnerung auf. Das warme Lachen meiner Mutter, als meine Eltern an einem Wochenende unangemeldet vor unserer Wohnungstür in Berlin standen. »Keine Sorge, wir schauen nur kurz vorbei!«

Piet war ihrem Charme natürlich sofort erlegen. Wir kochten was, blieben bis morgens auf und spielten Siedler von Catan. Tatsache, zu jener Zeit hatte ich die Finger noch nicht auf den Computertasten, um meinen Adrenalinschub aus den Netz-Communities zu saugen. Meine Mutter konnte Menschen so für sich einnehmen, dass sie ihr aus der Hand fraßen. Von dieser Begabung hatte ich leider nichts mitbekommen. Ich war so trocken und rundheraus wie mein Vater. Da ließ sich nichts machen.

»Ich weiß nicht«, begann Moni, aber ich hob die Hand. Irgendetwas war auch im Verhältnis zu ihrer Mutter schiefgegangen. Ich würde herausfinden, was. Dazu brauchte ich nichts als ein paar Stunden lang meine Ruhe.

»Okay, gebongt. Wir verbringen Weihnachten zusammen. Ich habe vor, jetzt nach Forchheim zu fahren. Geschenke besorgen und meine Post erledigen.«

»Aber …«

»Willst du mit oder bleibst du hier?«

Sie griff sich an die Locken. »Ich bleibe hier.«

»Wie du meinst. See you later.«

Innerlich lachte ich mir ins Fäustchen.

Im Internetcafé checkte ich Facebook. Gerolf hatte meine Freundschaftsanfrage nicht beantwortet. Kein gutes Zeichen. Womöglich war er tot. Der Gedanke ließ mich frösteln. Hatte ich nicht etliche Filme dieser Stoßrichtung gesehen, in denen Frauen ihre Männer umbrachten, sich aber nicht mehr daran erinnerten, sobald sie morgens neben der Leiche aufwachten?

Ich ging auf Monis Seite und suchte nach den Namen ihrer Freunde. Da sie nicht viele hatte, konnte ich schnell durchsortieren, wer in der Nähe wohnte. Eine Frau namens Aysa lebte in Dechsendorf und war unter Monis Freunden mit einem Sternchen als Favoritin versehen. Das Profilfoto zeigte eine junge Frau mit dichtem schwarzen Haar. Im Chat konnte ich sehen, dass sie online war.

Ich schickte ihr eine Nachricht, in der ich wieder von ausgeliehenen Büchern faselte, die ich zurückhaben wollte.

Sie textete zurück: ›Und?‹

›Du weißt nicht zufällig, wo Moni ist?‹

›Nein.‹

Mein Vorhaben kam ins Stocken.

›Kann ich dich treffen?‹, textete ich.

›Warum?‹

›Es wäre wichtig. Wo bist du jetzt?‹

Eine ganze Weile passierte nichts. Schließlich:

›In der großen Buchhandlung beim Bahnhof in Erlangen.‹

Yeah! Ich würde sofort hinfahren.

›Warte dort!‹, schrieb ich, dann suchte ich im Online-Telefonbuch nach Elfriede Neumanns Nummer. Es gab keinen Eintrag.

24

Wilhelm brachte Jenna zu ihrem Termin bei der Kosmetikerin.

»Du fährst mit dem Taxi heim, klar?«, ordnete er an. »Ich habe heute länger in der Kanzlei zu tun.«

»Natürlich.«

Er hielt ihr die Wange hin und sie hauchte einen Kuss darauf. Anschließend stieß sie die Beifahrertür auf. Die Bewegung schmerzte in ihren schwarz-blau verfärbten Gliedern. Wenigstens war das Handgelenk nicht mehr so geschwollen. Sie biss die Zähne zusammen und warf die Tür hinter sich zu. Es schneite leicht. Dennoch trug sie eine Sonnenbrille. Er schlug sie nie ins Gesicht, aber die Brille gab ihr ein Gefühl von Privatheit. Bedeutete Schutz, Diskretion, Behutsamkeit sich selbst gegenüber.

Die Kosmetikerin wartete bereits.

»Guten Morgen, Frau Brendel.« Jenna lächelte und nahm die Brille ab. Hier im Salon fühlte sie sich sicher. Sie roch das zarte Orangenaroma, das durch die Räume zog. Im Hintergrund spielte Musik, an die sie sich nie erinnern konnte, wenn sie wieder zu Hause war. »Heute kann ich nicht bleiben. Wenngleich ich es nötig hätte. Bestellen Sie mir bitte ein Taxi?«

Die Kosmetikerin verzog keine Miene. Sie bat ihre Assistentin, die Taxizentrale anzurufen.

Während sie wartete, blätterte Jenna in einer Zeitschrift. Sie ahnte, dass die Kosmetikerin sich die Geschichte von Missbrauch und Gewalt längst zusammengereimt hatte. Verwunderlicherweise bedeutete es ihr nichts mehr. Frau Brendel kannte jeden Mitesser auf ihrer Stirn, und sie hatte sicher längst die schicke Fassade ihrer Kundin durchschaut. Einer Frau, der es auf das Geld nicht ankam, die dafür sogar im Hochsommer Shirts mit langen Ärmeln trug und im Winter eine Sonnenbrille. Der jeder grobschlächtige Holzfäller anmerken würde, dass etwas nicht stimmte. Jennas Finger zitterten, als sie die Seiten der Zeitschrift umblätterte.

Der Fahrer kam nach zehn Minuten. Jenna übergab Frau Brendel ein Weihnachtsgeschenk, teure Lebkuchen, Nürnberger, ihre Lieblingssorte. Sie bekam dafür eine winzige Flasche Bodylotion. Wie jedes Jahr.

»Schöne Feiertage!«, wünschte die Kosmetikerin.

Jenna stieg ins Taxi, wobei ihr durch den Kopf ging, dass Weihnachten nicht nur ein Fest des Terrors, sondern darüber hinaus der vertrottelten Gewohnheiten war.

Sie bat den Fahrer, beim nächstbesten Geldautomaten zu halten. Dort hob sie die Maximalsumme ab. Ihrem Mann konnte sie sagen, sie hätte Weihnachtsgeschenke besorgt.

Anschließend fragte sie den Taxifahrer nach einem Handyladen. Sie kaufte ein Smartphone ohne Vertragsbindung und lud die Karte mit 100 Euro auf. Eine Straße weiter lag die Hauptpost. Jenna ging hinein und besorgte sich ein Postfach.

»Und? Wo soll es jetzt hingehen?«, fragte der Fahrer.

Jenna nannte eine Adresse in Spalt.

»Das ist aber ein ganzes Stück!«

»Finden Sie nicht hin?«

»Habe GPS.«

»Dann los.«

Sie lehnte sich zurück und schloss die Augen. Wenn dieser Mann sie jetzt zum Flughafen bringen könnte … oder zum Bahnhof …

Sie könnte mit dem Zug nach Prag fahren und von dort einen Flug buchen. Irgendwo würde sie so ein Flieger schon hinbringen. Wilhelm würde sie nie finden. Erst in dem Moment, in dem er merkte, dass sie das Konto anzapfte.

Auch dafür musste es eine Lösung geben.

»Warten Sie!«

»Was ist denn?« Der Fahrer bremste abrupt ab. Sie konnte spüren, dass er genervt war.

Jenna wies auf ein Gebäude der Sparda-Bank. »Halten Sie dort. Nur eine halbe Stunde.« Sie gab ihm 50 Euro. »Ich kann mich auf Sie verlassen?«

»Klar.«

Jenna eröffnete ein Konto. Sie bat darum, die noch auszustellende EC-Karte postlagernd zugeschickt zu bekommen.

Im Taxi zögerte sie. Sie könnte jetzt, genau jetzt, einen Teil des Geldes ihres Kontos, für das auch Wilhelm eine Vollmacht besaß, per Online-Banking auf ihr neues Konto übertragen.

Wilhelm würde sie dafür umbringen. Es war besser,

Geld bar abzuheben und genauso wieder einzuzahlen. Wenn sie Glück hatte, merkte er es erst nach Weihnachten.

»Wir müssen noch einmal zurück.«

»Wie Sie wollen.« Der Fahrer warf einen Blick auf Jennas lange Beine. Sie trug hochhackige Stiefel zu ihrem dunklen Rock und eine kurze Pelzjacke.

Ihr kam in den Sinn, dass sie noch nicht zu alt war. Für nichts. Wenn sie am Leben blieb. Es gab niemanden, von dem sie Hilfe erwarten konnte. Mit ihrem Sohn war nicht zu rechnen. Sie musste sich ihre Verbündeten selber suchen.

Auf der Bank, wo sie seit Jahr und Tag Kundin war, bekam sie 20.000 Euro ausgezahlt. Dazu gab es einen Schokoladennikolaus und gute Wünsche für die Feiertage. »Auch an Ihren Mann!«

Jenna verließ die Bank, nur um die Summe bei dem Geldinstitut, wo sie eben das Konto eröffnet hatte, einzuzahlen. Es funktioniert, überlegte Jenna, als sie wieder im Taxi saß, und niemand findet mich merkwürdig außer ich mich selbst. Weil ich so etwas noch nie gemacht habe. Weil ich bisher überhaupt nichts gemacht habe. Nichts, was ich selbst entschieden, geplant und verteidigt hätte. Sie spürte die neugierigen Blicke des Fahrers, als er auf die Autobahn auffuhr. Ein Lächeln schlich sich auf ihre Lippen. Sie würde so oder so sterben. Ersticken im Universum ihres Mannes. Oder draufgehen, wenn er hinter ihr Tun kam.

Schläge kannte sie. Sie bedeuteten nicht mehr viel. Die Demütigung war schlimmer. Weniger die Erniedrigung durch Wilhelms Brutalität. Was ihr zu schaffen machte, war, dass sie sich ihrer selbst schämte. Wenn sie es nicht hinbekäme, aus dieser Folterkammer herauszukommen, wenn sie es nicht einmal versuchen würde … Wie könnte sie sich selbst noch länger in die Augen schauen?

Elfriede Neumann erschrak, als sie Jenna vor ihrer Tür stehen sah. Monis Mutter war eine mollige Frau mit Tränensäcken im Gesicht und klaren, grauen Augen. Wahrscheinlich hatten sie auch einmal so strahlend geleuchtet wie die ihrer Tochter.

Jenna wurde von Neid erfasst. Wenn sie eine Tochter hätte – vielleicht hätte sie dann eine Verbündete. Sie schluckte die Bitterkeit hinunter.

»Kann ich reinkommen, Frau Neumann?«

Sie wusste, dass Monis Mutter als Verkäuferin in einem Möbelhaus arbeitete, aber seit einem knappen Monat wegen einer Rückengeschichte krankgeschrieben war.

»Sicher.« Elfriede trat hektisch beiseite.

Die Wohnung war aufgeräumt. Auf dem Wohnzimmersofa lag eine zerknüllte Decke, das einzige Zeichen, dass Elfriede vor einer Minute noch genau dort gelegen hatte.

»Wie geht es Ihnen?« Jenna überreichte den Blumenstrauß, den sie eben beim Floristen am Ortseingang besorgt hatte.

»Es geht einigermaßen. Danke! Das ist wirklich nett. Ich hätte …«

Sie hat nicht mit mir gerechnet, dachte Jenna.

»Nun, meinerseits ist der Besuch in der Tat überraschend«, lächelte sie.

Hätte ihr Sohn sich nicht Moni zur Freundin ausgesucht, wäre sie sicherlich nie im Leben mit einer Frau wie Elfriede Neumann zusammengekommen.

»Nach Neujahr werde ich wieder arbeiten«, sagte Elfriede, während sie eilig eine Vase aus einem Schrank nahm. »Es macht keinen Spaß, so allein zu Hause zu sein. Ohne Ansprache ...«

»Das verstehe ich.« Jenna würde die Einsamkeit jederzeit Wilhelms Kontrolle vorziehen.

»Möchten Sie Kaffee? Oder Tee?«

»Ein Tee wäre schön.« Jenna legte die Sonnenbrille auf den Couchtisch. »Ich hoffe, ich störe nicht allzu sehr.«

»Überhaupt nicht.« In Elfriedes Gesicht leuchtete so etwa wie Freude auf. »Kommen Sie doch mit in die Küche. Da ist es gemütlicher.«

Jenna folgte ihr. Auf dem schmalen Tisch standen Muffins. Sie waren gerade erst gebacken worden.

»Ein himmlischer Duft«, sagte Jenna.

»Ja, nicht? Welch ein Zufall, dass Sie ausgerechnet jetzt kommen.«

Ja, so passt alles zusammen, dachte Jenna müde. Sie zog die Pelzjacke aus und hängte sie achtlos über eine Stuhllehne.

»Entschuldigen Sie! Ich kann Ihre Jacke an die Garderobe ...«

»Nein, lassen Sie!« Jenna schüttelte den Kopf. »Wir müssen reden, Frau Neumann.«

25

›Bereite dich, Zion, mit zärtlichen Trieben‹. Der Track steht auf Wiederholung. Moni hat sich angezogen. Zitternd kauert sie vor dem Kamin. Sie hat ein paar Scheite auf die Glut geworfen, aber das Feuer zieht nicht mehr. Die Musik vermittelt keinen Frieden. Sie jagt Moni kalte Schauer über den Körper.

Sie will weg hier. Sie denkt, wenn sie es schafft, Gerolfs Autoschlüssel zu schnappen …

Das Smaragdarmband fühlt sich schwer an. Sie nestelt an dem Verschluss. Er geht nicht auf.

›Den Schönsten, den Liebsten bald bei dir zu sehen …‹

Monis Magen knurrt. Trotz des Champagners ist sie vollkommen nüchtern. Sie steht auf, geht in den Korridor, nimmt ihren Mantel. Von Gerolf ist weit und breit nichts zu sehen. Die Tür zum Keller ist angelehnt. Wahrscheinlich steht er immer noch im Garten und starrt in den Himmel. Dort auf dem Bord liegen seine Autoschlüssel. Sie schnappt sich den Bund und verlässt das Haus. Ein Bewegungsmelder springt an. Moni hastet an der Hausmauer entlang zur Garage. Die Tür ist abgeschlossen. Panisch probiert sie alle Schlüssel durch. Endlich – der vorletzte passt. Sie schwingt das Tor auf. Öffnet die Fahrertür.

»Du hast gesagt, du liebst mich.«

Gerolfs Stimme schneidet durch das Dunkel. Moni fährt herum. Ihr Herz klopft zum Zerspringen. Sie hebt die Hand mit dem Schlüsselbund. Er schlägt ihn ihr weg. Die Schlüssel knallen auf den Boden.

»Das ist eine Lüge gewesen, oder? Lügnerin!«

Sie fürchtet einen Schlag ins Gesicht. Doch er hebt nicht die Hand gegen sie. »Komm«, sagt er.

Er nimmt sie bei der Hand, zärtlich diesmal, und führt sie zurück ins Haus. Immer noch klingt Bach. »Geh ins Wohnzimmer.«

Moni hockt sich aufs Sofa. Der Weihnachtsbaum, die Musik, die furchtbare Angst in ihrem Herzen. Das Feuer im Kamin lodert wieder hell. Moni zittert, der Schock sitzt tief. Er wird sie umbringen. Eines Tages wird er sie umbringen.

Gerolf kommt mit zwei dampfenden Bechern.

»Tomatensuppe. Zum Aufwärmen.«

Er reicht ihr einen Becher. Instant-Geruch steigt Moni in die Nase. Sie nimmt einen Schluck, verbrüht sich die Lippen. Dennoch tut die Wärme gut.

»Armes Mädchen«, sagt Gerolf und streicht ihr das Haar aus der Stirn. »Nicht jeder kann so viel Liebe ertragen. Nicht wahr? Deswegen wolltest du weglaufen.« Als Moni nicht reagiert, insistiert er: »Nicht wahr?«

Sie nickt.

»Armes Küken.«

Sie wirft ihm einen vorsichtigen Blick zu. Sein Gesicht strahlt voller Wärme.

»Ich liebe dich auch, weißt du?«, fährt er fort. »Ich liebe dich wirklich sehr. Du hast mich erregt. Ich habe nicht nachgedacht. Wollte dir wirklich alle Sterne schenken.«

Er hat es nicht so gemeint. Eine Welle der Erleichterung flutet durch Moni. Er hat es nicht so gemeint.

»Das passiert nie wieder.«

»Okay«, flüstert Moni.

»Meine kleine, süße Lügnerin.«

26

Mir war durchaus klar, dass Aysa eine potenzielle Gefahr darstellte. Nur für den Fall, dass sie sich – wie angeblich alle anderen Freunde – gegen Moni gestellt hatte. Ich verließ mich auf ein Sternchen auf der Internetplattform eines börsennotierten Unternehmens. Moni hatte Aysa irgendwann als enge Freundin markiert. Mehr Anhaltspunkte besaß ich nicht.

Auf der Fahrt nach Erlangen fiel mir etwas anderes ein, das mir Sorgen machte: Gesetzt den Fall, dass Gerolf nicht tot war, musste er extrem sauer auf Moni sein. Wenn er der Typ war, den sie beschrieb, einer, der machtsüchtig war und stets darauf aus, andere unter Kontrolle zu halten, musste Monis Abgang ihn nervös machen. Er war garantiert stinkwütend.

Ich dachte an das Blut an Monis Händen: Hatte sie ihn in Notwehr angegriffen und – aus reinem Selbstschutz – diese Tatsache in ihrem Gehirn ausgelöscht?

Womöglich würde ich schlafende Hunde wecken, wenn ich mit Aysa sprach, oder sogar erfahren, dass Gerolf nicht mehr lebte. Genervt drehte ich am Autoradio herum. Warum musste ich das Schlimmste denken? Welchen Floh hatte mir Jacko da ins Ohr gesetzt? Von wegen, Moni hinterging Gerolf! Sehr wahrscheinlich war das nicht, wenn ich an ihre verletzten Arme dachte. Doch obwohl ich rein emotional mehr Sympathie für Monis Version der Geschichte hegte, war ich innerlich gespalten.

Jedenfalls hatte ich nicht die Absicht, Aysa zu verraten, wo Moni sich versteckte. Und ich würde weiß Gott aufpassen, dass mir niemand folgte.

Ich parkte auf dem Großparkplatz zwischen Autobahn und Bahnhof und ging die Buchhandlung suchen.

Aysa saß im ersten Stock im Café und arbeitete an einem Laptop. Sie hatte einen Stapel Unterlagen neben sich liegen und tippte wie eine Verrückte.

»Aysa?«

»Ja?«

»Ich bin Ilsa. Wir haben uns verabredet.«

Sie sah mich scheel an. Ihr schwarzes Haar war hochgesteckt, aber ein paar Strähnen hatten sich gelöst und hingen ihr in das vornehm blasse Gesicht. »Ich habe dir schon gesagt, dass ich keine Ahnung habe, wo Moni abgeblieben ist.«

»Wann hast du sie denn zuletzt gesehen?«

Aysa klappte ihren Laptop zu und sah durch mich hindurch. »Vor einer Woche. Wir trafen uns wegen der Skripten.« Sie wies auf den Computer. »Ich habe es satt, von meinen Kommilitonen abhängig zu sein. Deswegen mache ich mir die Skripten zu den wichtigsten Vorlesungen selbst. Moni verpasst so einiges im Semester, deswegen hat sie mich gefragt, ob sie meine haben kann.«

»Und die hat sie bei dir abgeholt?«

»Wir haben uns hier getroffen. Das ist ein angenehm

ruhiger Platz, zentral, hier hängen wenige Jurastudenten rum.« Sie lächelte. Kleine Grübchen erschienen in ihren wachsweißen Wangen. »Manchmal braucht man eine andere Umgebung.« Sie wies auf die Theke. »Sollen wir uns Kaffee holen?«

Ich nickte. Kurz darauf kehrten wir mit unseren Bechern zurück an den Tisch.

»Was sind denn das für Bücher, die du brauchst?«, fragte sie.

»Gedichtbände.«

»Ach so?«

»Ich bin Songwriterin. Habe früher bei Skunky Pie gespielt, allerdings ... egal. Ich habe ihr die Sachen geliehen. Aber ich bin drauf angewiesen.« Irgendwo tief in mir drin dachte ich, sie würde die Band vielleicht kennen.

Aysa rührte in ihrem Kaffee. »Ich wusste gar nicht, dass Moni sich für Gedichte interessiert. Es würde durchaus zu ihr passen. Sie ist eher eine untypische Juristin.«

»Ist sie das?«

»Naja, sie ist immer die Außenseiterin. Das macht sie mir sympathisch. Aber bei den anderen ist sie alles andere als beliebt.«

»Warum?«, fragte ich.

»Sie hält sich aus allem raus. Spontan ist sie sowieso nicht. Noch ein Bier trinken gehen nach der Vorlesung, das macht sie nie. Ihr Typ holt sie immer ab.«

»Der studiert ja auch Jura, oder? Ist doch ganz nett, wenn man zusammen das gleiche Fach hat.«

Aysa sagte eine Weile nichts. Sie trank von ihrem Kaffee und sah aus dem Fenster auf die Straße hinaus, die die Dämmerung erneut dunkelgrau färbte, als hätte es nie Tageslicht gegeben.

»Gerolf ist smart, sieht gut aus. Ein Traummann. Er ist charmant und witzig. Alle mögen ihn.«

»Freust du dich nicht für Moni, dass sie ihn gekriegt hat?«

»Lass den Blödsinn. Ich bin nicht auf der Nudelsuppe dahergeschwommen. Weiß ich, wer du bist?«

»Weiß ich, wer du bist?«

»*Du* wolltest mit *mir* sprechen.«

»Dann leg die Ohren an: Moni haut nicht einfach so ab. Ich mache mir wirklich Sorgen! Sie ist ein verantwortungsbewusster Mensch, der nicht mal so kurz vor Weihnachten in den Flieger steigt und Wellness am Roten Meer macht.«

»Stimmt.«

»Außerdem steht's mit Gerolf nicht zum Besten. So viel Menschenkenntnis haben selbst Juristen, dass sie mitkriegen, wenn was im Busch ist, oder?«

»Wenn etwas zwischen den beiden nicht stimmt, liegt das an Moni«, widersprach Aysa. »Lass dich nicht täuschen von ihrem Klein-Mädchen-Getue. Moni weiß genau, was sie will.« Aysa schob ihren Becher weg. »Gerolf wollte nämlich längst mit ihr Schluss machen. Aber Moni lässt ihn nicht. Wenn er Schluss macht, hat sie ihm gedroht, erzählt sie überall herum, er hätte sie vergewaltigt. Sogar die Polizei wird sie einschalten! Die ist imstande und ruiniert sein Leben.«

Mir blieb die Spucke weg. Diese Aysa war nicht ganz dicht.

»Wer behauptet denn so was!«

»Sie ruft ihn mitten in der Nacht an und setzt ihn unter Druck. Was hat er ihr denn getan?«

Dazu freilich hatte ich einen Text aufzusagen. Noch hielt ich mich zurück.

»Woher weißt du das?«

»Es spricht sich so rum.«

»Du willst Anwältin werden?«, spottete ich. »Würdest du vor Gericht auch ein paar vage Vermutungen zur Verteidigung des Angeklagten vorbringen? Die wischt dir jeder Richter ins Klo, und dann hast du den Salat.«

Sie sah mich wütend an.

»Hast du dich je gefragt, warum Moni immer lange Ärmel trägt? Sogar im Sommer?«, machte ich weiter. »Oder warum sie sich nicht traut, Gerolf zu sagen, dass sie lieber mit ihren Studienfreunden eins trinken geht, als von ihrem machtsüchtigen Freund abgeholt zu werden? Oder warum sie so viele Vorlesungen verpasst?«

Nun guckte Aysa ein wenig nachdenklicher drein.

»Weil er sie schlägt«, fuhr ich fort. »Und weil er ihr sogar die Haut aufritzt. Er scheint Vergnügen daran zu haben, ihr Schmerzen zuzufügen. Kontrolle auszuüben und sie mit elenden Spielchen fertigzumachen. Weißt du was? Das Ganze hat für mich den Anschein, als wäre der smarte Gerolf nichts anderes als ein übler Psychopath.«

»Nonsense«, sagte Aysa. Aber ich sah, dass es in ihr zu arbeiten begann.

»Woher willst du denn wissen, dass Moni ihrem Typen angedroht hat, sie würde garstige Verleumdungen über ihn in die Welt setzen? Traust du ihr das zu? Oder wäre es nicht viel logischer, wenn *sie* Schluss machen will und nicht *er*?« Ich ließ meine Worte kurz wirken. »Jedenfalls ist Moni seit einer Woche weg, und ich mache mir echt Sorgen. Vielleicht hat Gerolf ihr was angetan. Am Montagabend waren die beiden auf Jackos Party.« Ich guckte drein, als wäre ich da selbst auch oft gewesen.

»Ach, Jacko! Der säuft sich noch blind, wenn er so weitermacht. Oder Schlimmeres.«

»Aber er ist ein guter Kumpel von Gerolf?«

»Klar. Weil beide in derselben Liga spielen. In Sachen Reichtum.«

»Die studieren bloß, weil sie die Bezeichnung ›Anwalt‹ schick finden?«, wagte ich mich vor.

Sie schnaubte. »Nee, weil ihre Väter das wollen.«

Hier lag also Aysas wunder Punkt. Eine Studentin, die aus Edelmut oder echter Berufung heraus Jura studierte. Und sich von jenen veräppelt fühlte, die das Studium nicht ernst nahmen.

»Jedenfalls sind Gerolf und Moni frühzeitig weggegangen. Von der Party, meine ich. Und daraufhin verschwand Moni.« Ein paar Sekunden genoss ich das stille Entsetzen, das sich in Aysas Gesicht ausbreitete. »Worauf lässt das deiner Meinung nach schließen?« Ich nahm einen Stift und schrieb meine Handynummer auf das oberste Papier ihres Unterlagenstapels. »Cheerio!«

Ich marschierte aus dem Café und fuhr mit der Rolltreppe nach unten. Die Buchhandlung war gesteckt voll.

Lange Schlangen bildeten sich vor den Kassen im Erd-geschoss. Bücher, das erschien mir irgendwie tröstlich, waren noch immer das beste Geschenk zu Weihnach-ten. Am besten, ich suchte gleich etwas für Moni aus. Schließlich stand nicht zu erwarten, dass sie sich für den Heiligen Abend ein Alternativprogramm ausdachte.

Während ich an den Stapeln mit Shades of Grey vor-beiging, ein Plot, der bestimmt nicht Monis Geschmack traf, klingelte mein Handy.

Für den Bruchteil einer Sekunde hoffte ich, es wäre Piet. Und wenn er aus Havanna anriefe – plötzlich sehnte ich mich danach, seine Stimme zu hören. Die einzige vertraute Stimme, die es auf dieser Welt für mich gab.

»Hier ist Jacko. Du hast mich gestern angerufen.«

»Und?«

»Weißt du inzwischen, wo Moni ist?«

»Nein! Du?«

»Auch nicht. Gerolf ist übrigens auch nicht wie-der aufgekreuzt. Also: Wenn du Moni auftreibst und sie weiß, wo Gerolf steckt, wäre es nett, wenn du mir Bescheid gibst. Geht klar?«

»Geht klar.« Ich legte auf, drehte mich um und fuhr zurück in den ersten Stock. Aysa saß noch am selben Platz und telefonierte. Hektisch ruderten ihre Arme durch die Luft.

»Servus«, grüßte ich.

»Ich rufe zurück.« Aysa machte Schluss. Zornig fun-kelte sie mich an.

»Ich habe was Wichtiges vergessen. Weißt du zufällig Svens Handynummer?« Innerlich beglückwünschte ich mich, dass mir der Name eingefallen war.

»Sven? Was für ein Sven?«

»Studiert denn kein Sven bei euch?«, fragte ich vorsichtshalber nach.

»Nicht, dass ich wüsste.«

»Warum warst du nicht auf Jackos Party?«

»Ich lerne lieber.« Aysa legte ihre Hand auf den Dokumentenstapel. »War's das?«

Ich ging. Unten wählte ich einen Familienroman mit einem romantisch aussehenden Einband als Weihnachtsgeschenk für Moni. Sie brauchte sicher etwas Ablenkung, denn eines stand fest: Wann auch immer sie sich entschied, wieder unter die Leute zu gehen – zu lachen hätte sie wenig.

27

»Himmel, seit wann ich nicht mehr mit jemandem zusammen einen Tee getrunken habe! Ich bräuchte wirklich mehr Gesellschaft. Allein kann ich mich so schwer aufraffen, überhaupt irgendetwas zu tun.« Elfriede rückte seufzend das Adventsgesteck auf dem Tisch zurecht.

Jenna verspürte eine leise Ungeduld in sich aufsteigen. Moni und ihre Mutter schienen aus demselben weichen Holz geschnitzt.

»Wir müssen über etwas sehr Ernstes reden.« Jenna stand auf und trat ans Fenster.

Es war ein Fehler. Der Blick aus dem Fenster und ihr Besuch bei Elfriede Neumann.

Der dunkle Wagen auf der gegenüberliegenden Straßenseite war vorhin nicht da gewesen. Oder er war Jenna nicht aufgefallen. Sie war sich nicht mehr sicher. Jemand richtete vom Fahrersitz aus das Objektiv einer Kamera auf das Haus. Jenna machte instinktiv einen Schritt zu Seite. Sie wusste nicht, ob man durch Fenster und Gardine hindurch noch gute Aufnahmen schoss. Im Zweifelsfall würde Wilhelm sie erkennen. Gerolf auch.

Ihr Spiel, das sie so resolut begonnen hatte an diesem Morgen, das Spiel, das ›eigenes Leben‹ hieß, war beendet. Jennas Herz schlug bis zum Hals. Ihre Knie zitterten.

Es schneite immer noch leicht, aber der Himmel schien nicht mehr so grau wie am Morgen. Eigentlich lag nur noch ein zartes Flimmern in der kalten Luft. Jenna hatte Mühe, sich auf ihren Atem zu konzentrieren und nicht in Panik auszubrechen.

Doch dies hier musste sie hinter sich bringen. Monis Mutter musste wissen, in welcher Gefahr ihre Tochter schwebte. Moni brauchte Unterstützung, obwohl die Wohnung ihrer Mutter, nachdem Wilhelms Detektiv sie unter Beobachtung hielt, auch keine Zuflucht mehr war.

»Moni darf sich bei Ihnen nicht sehen lassen.«

»Wie bitte?« Elfriede sah sie perplex an.

»Sie werden beobachtet, Frau Neumann.«

»Ich …?« Das Gesicht der Frau war ein einziges Fragezeichen.

»Darf ich zum Grund meines Besuches kommen?« Jenna setzte sich. Es hatte keinen Sinn, länger hinter dem Berg zu halten. Sie musste ihre Geschichte ausspucken und danach überlegen, wie sie von hier wegkam. An Elfriedes Gesicht sah sie, dass diese wirklich angenommen hatte, Jenna sei bei ihr hereingeschneit, um sich nach ihrem Befinden wegen ihres Rückens zu erkundigen.

Langsam rollte Jenna die Ärmel ihrer Bluse hoch. Verheilte Narben, frische Wunden, grüne und blaue Flecken. Sie knöpfte die Bluse auf und schob das Unterhemd hoch. Ihr Bauch schimmerte in Blau und Schwarz. Elfriedes entsetzter Blick wanderte an ihrem Körper entlang.

»Sie wissen, was ich Ihnen damit sagen will?«

Stumm wohnte Monis Mutter diesem Striptease bei.

»Mein Mann schlägt mich, Frau Neumann. Seit gut 20 Jahren. Und Sie sind die Erste, der ich davon erzähle.« Das stimmte, obwohl Jenna ahnte, wie viele Menschen aus ihrem Umfeld sich ihren Teil der Geschichte längst zurechtgezimmert hatten. »Er hat damit angefangen, als mein Sohn vier oder fünf Jahre alt war. Ein kleiner Tollpatsch, der ziemlich viel kaputt gemacht hat. Versehentlich, wenngleich mit voller Absicht. Wenn sie in der Trotzphase sind …« Sie lächelte, obwohl ihr nicht danach zumute war. »Ja, und dabei ist einiges im Haus zu Bruch gegangen. Nicht, dass uns das finanziell etwas ausgemacht hat. Mein Mann erträgt keine Unordnung. Er fühlte sich von dem kleinen Kerl herausgefordert. Und war außer sich, wenn wieder eine Vase dran glauben musste. Seine Wut richtete er gegen mich. Denn ich hatte nicht aufgepasst.« Jenna schien es, als müsste sie in der Erinnerung ertrinken. Jenes erste Mal, als Wilhelm die Hand ausgerutscht war. Ein Schlag mitten ins Gesicht. Eine Ohrfeige. Mehr nicht. Aber die erste Demütigung. Die sie sehr erfolgreich verdrängt hatte. »Danach hat er mich nie mehr ins Gesicht geschlagen«, fuhr sie fort, »sondern immer auf die Arme und den Oberkörper. Damit niemand die Hämatome sieht.« Sie hob die verbundene Hand.

Elfriede Neumann tat etwas gänzlich Unerwartetes. Sie stand auf und legte die Arme um Jenna. Die freundschaftliche Geste wühlte Jenna auf. Die Angst um Gerolf, all die zwiespältigen Gefühle, ihre Flucht von zu Hause …

»Wilhelm ist ein Choleriker«, fuhr sie rasch fort. »Einer, der nicht anders kann, als in die Luft zu gehen und seine Wut abzureagieren. Sehen Sie, wie ich ihn immer noch verteidige? Er ruiniert mein Leben, das schon keines mehr ist. Seltsamerweise, Sie werden es nicht glauben, gewöhnt man sich daran. Als Gerolf in die Pubertät kam, wurde er unerträglich. Ich kam mit dem Jungen nicht mehr zurande. Er entzog sich allen Erziehungsversuchen. Wir schickten ihn in ein Internat, wo er sein Abitur machte. Aber wenn ich geglaubt hatte, Wilhelm hätte nun keinen Grund mehr, mich zu misshandeln, so hatte ich mich schrecklich getäuscht. Er fand immer einen Anlass. Er brauchte volle Kontrolle über mich. Jeden Schritt, den ich alleine ging, musste ich büßen.« Jenna blickte an sich herunter, auf die offene Bluse, ihren BH, der durch das dünne Unterhemd schimmerte. »Ich habe nie einen Weg da raus gefunden«, flüsterte sie. »Aber etwas muss geschehen. Denn sonst pflanzt sich all die Gewalt immer weiter fort.«

Elfriede ließ sie los. Sie machte ein paar Schritte. Jenna sagte scharf:

»Zeigen Sie sich nicht am Fenster.«

»Was ist mit Moni?«

»Moni muss sich von Gerolf trennen. Sonst endet sie genauso wie ich.«

»Aber …«

»Mein Sohn ist das gleiche Kaliber, Frau Neumann. Ich wollte es nicht wahrhaben, also schloss ich die Augen vor der Erkenntnis, dass er genauso von krankhafter Kontrollsucht besessen ist wie sein Vater. Ich bemerkte alle Anzeichen, ohne …« Jenna senkte den Kopf. »Gerolf lügt, wo er es braucht. Das ist richtig pathologisch. Wer ihn darauf hinweist, der hat nichts zu lachen.«

»Trinkt er?«

»Nein. Würde er trinken, wäre er ein schwächerer Gegner.«

»Ich … Moni …«

»Sie ist in dieselbe Falle gerutscht wie ich. Es war nicht ihre Schuld. Sie konnte es nicht wissen. Gerolf ist wie sein Vater. Charmant, gewinnend, dabei außerordentlich machtbewusst. Er manipuliert, wo er kann. Sein hübsches Äußeres und sein tadelloses Benehmen sind reine Fassade!«

Elfriede sank auf ihren Stuhl. »Sie kommen hierher und sagen mir, dass Ihr Sohn ein Psychopath ist, der meine Tochter manipuliert und schlägt?«

Jenna lehnte sich vor. »Sie haben nie etwas bemerkt?«

»Doch.« Elfriede schwieg ein paar Sekunden. »Im Herbst, da tauchte Moni hier auf. Sie war völlig durcheinander, wollte aber nicht sagen, warum. Bloß, dass sie vorhatte, ein paar Tage bei mir zu bleiben. Ich wunderte mich, denn eigentlich hat sie nie Zeit für mich. Nur für ihren Freund.«

»Weil er nicht zulässt, dass sie andere Kontakte pflegt«, ging Jenna dazwischen. »Es hat nichts mit Monis Aufmerksamkeit für Sie zu tun.«

Elfriede traten Tränen in die Augen. »Ich fürchtete, sie fände mich dick und langweilig. Sie hatte kein Interesse mehr für mich und drückte meine Anrufe oft weg.«

»Glauben Sie mir, er hat sie völlig unter seiner Knute

und reagiert sehr unangenehm, sobald Moni eigene Ansprüche anmeldet oder sich um andere Menschen als ihn kümmern will.«

»Sie meinen wirklich, er misshandelt sie?« Elfriede meinte es nicht als Frage. Sie hatte längst verstanden. »Als Moni im Herbst die paar Tage hier war, hatte ich oft den Eindruck, sie litte an Schmerzen. Ich dachte mir, vielleicht hat sie ihre Periode. Da war sie als junges Mädchen immer sehr weinerlich.«

Wenn wir doch alle ein wenig weinerlicher wären, dachte Jenna.

»Haben Sie Moni in den letzten Tagen gesehen?«

»Wo ist sie?« Elfriede wurde leichenblass.

»Sie war mit Gerolf am Montag auf einer Party. Bei einem Kommilitonen namens Jacko. Sagt Ihnen der Name was?«

Elfriede schüttelte den Kopf.

»Die beiden gingen recht bald wieder. Sie fuhren mit dem Auto, Jacko wohnt weit außerhalb.«

»Was? Nun reden Sie schon!«

Jenna knöpfte langsam ihre Bluse zu. »Gerolf ist seitdem verschwunden. Mein Mann hat einen Privatdetektiv angesetzt. Irgendwie scheint er so eine Ahnung zu haben, dass etwas mit Gerolfs Verschwinden nicht stimmt. Oder er kann es nicht ertragen, seinen Sohn nicht unter Kontrolle zu haben. Einer von den Leuten dieses Privatermittlers sitzt unten in einem Auto und beobachtet Ihre Wohnung.«

Elfriede sprang auf, wollte zum Fenster, blieb dann stehen. »Wo ist Moni?«, rief sie schrill.

»Ich weiß es eben nicht. Falls sie sich bei Ihnen meldet, sorgen Sie dafür, dass sie sich in Sicherheit bringt. Gehen Sie zur Polizei. Bringen Sie sie zur Vernunft. Sie darf nie mehr mit meinem Sohn allein sein.« Jenna sah Elfriede die Höllenangst an. »Bitte geraten Sie nicht in Panik. Haben Sie eine Ahnung, wo Ihre Tochter sein könnte?«

»Ich habe sie von Zeit zu Zeit versucht zu erreichen, aber sie geht nicht an ihr Handy. Das ist nicht ungewöhnlich, wissen Sie ... Ich gehe ihr ungern auf die Nerven, also ... Ist sie in ihrer Studentenbude in Erlangen?«

»Da ist sie augenscheinlich nicht. An ihrer Stelle würde ich jedenfalls dort nicht vor Anker gehen.«

»Warum? Was ist Montagnacht passiert? Hatte sie einen Unfall?«

»Das könnte sein.« Jenna barg ihr Gesicht in den Händen. »Von ihr und Gerolf fehlt seitdem offenbar jede Spur.«

»Ist sie ...?« Elfriedes Stimme hallte schrill durch den Raum. Ohne das schlimme Wort ›tot‹ auszusprechen, echote es von den Wänden.

Ich weiß es nicht, dachte Jenna verzweifelt. Aber es ist eine Möglichkeit. Und es gibt noch ein paar andere Alternativen, die ich mir gar nicht ausmalen will.

»Gehen Sie zur Polizei. Melden Sie Ihre Tochter als vermisst.«

In Monis Fall gab es keine andere Lösung. Und was sie selbst betraf: Entweder würde Wilhelm sie heute noch umbringen. Oder sie verschwand für immer.

28

Der Schnee fiel dicht, als ich zurück in mein Traum-
haus am Felsen kam. Es war später Nachmittag und
bereits stockfinster. Auch das Haus lag im Dunkeln.
Ich musste das alles positiv sehen, sonst würde ich verrückt. Allerdings hatte ich es so gar nicht mit dem posi-
tiven Denken. Selbsthilfebücher, die einem einredeten,
man müsste etwas Gutes in allen Lebenslagen finden,
kotzten mich an. Am Winter konnte ich nichts Gutes
entdecken, soviel stand fest. Kein Licht, keine Gerüche,
dazu lebensfeindliche Temperaturen. Von den Straßen-
verhältnissen ganz zu schweigen.

Ich stieg aus dem Wagen und spazierte auf meine
Haustür zu. Bei Wich nebenan war Festbeleuchtung,
und ein Wagen parkte vor seiner Tür. Er bekam selten
Besuch, aber vor Weihnachten meldeten sich ja mitunter
die entfernten Verwandten und arbeiteten ihr Pflichtgefühl ab. Leute, die immer noch das Spiel ›Familie‹ spielten, obwohl sie sich nicht die Bohne für die Bande des
Blutes interessierten. Schaurig.

Ich steckte meinen Schlüssel ins Schloss. Als ich
schwungvoll die Tür aufschieben wollte, stieß ich an
irgendwas. Etwas sehr Großes und Schweres. Wütend
hämmerte ich an die Tür.

»Moni? Lass den Scheiß.«

Irgendwo in meinem Kopf stieg das Bild eines Blutbades auf. Ich dachte an Monis verschmierte Kleidung, ihre besudelten Hände.

»Moni!«, brüllte ich. Gleich würde Wich ans Fenster treten und sich umschauen. Im Dorf blieb nichts unentdeckt. Ich ging ums Haus herum. Klopfte an alle Fenster. Der Holzschuppen war ordentlich verschlossen, das Vorhängeschloss sah unversehrt aus.

Ich drehte mich um und schlug ans Badezimmerfenster. »Moni, wenn du da drin bist, sieh zu, dass du mich reinlässt, sonst fliegst du raus.«

Ich musste beinahe lachen, so bescheuert kam mir die ganze Situation vor. Ich sollte sie wirklich rausschmeißen, stattdessen kümmerte ich mich sogar um ihre Angelegenheiten. »Ich weiß jetzt, was Gerolf deinen Kommilitonen eingeredet hat!«, rief ich. »Dass du ihm eine Vergewaltigung anhängen willst. Dass du ihm gedroht hast, wenn er dich verlässt, zeigst du ihn bei der Polizei an.«

Die Dunkelheit um mich schien sich zusammenzuziehen. Ich fühlte mich plötzlich eingeengt, als drücke mir die Schwärze die Luft ab. An einem Freitagabend in einem fränkischen Dorf war es üblicherweise schauerlich still. Man lag in der Badewanne oder vor dem Fernseher.

»Moni, mach auf! Ich weiß, dass Gerolf das alles erlogen hat!«

Hinter mir erklangen Schritte im verharschten Schnee. Glaubte ich jedenfalls. Ich fuhr herum. Ging zum Holzschuppen zurück. Das war jetzt nicht wahr! Wenn hier irgendjemand versuchte, mich fertigzumachen, würde ich …

Im frisch gefallenen Schnee sah ich nur meine eigenen Fußabdrücke.

Im Haus ertönte ein Rumpeln. In Monis Zimmer ging Licht an. Das Fenster wurde gekippt.

»Ilsa?«, erklang ihre Stimme.

»Scheiße, ja!«, rief ich. »Was ist das für ein neues Spiel?«

Schäumend vor Wut stapfte ich zur Haustür. Sie mühte sich da drin mit etwas ab, und als ich endlich die Tür aufdrücken konnte, sah ich, dass sie die schwere alte Kommode mit der Marmorplatte aus ihrem – also eigentlich meinem – Zimmer gegen die Haustür geschoben hatte. Sie war paranoid.

»Moni, du hast einen echten Knall!«, legte ich los. »Ich habe noch niemanden getroffen, der so durch den Wind war wie du!«

»Er ist hier«, flüsterte Moni.

»Wer?«

»Gerolf.«

»Hast du ihn gesehen?«

»Jemand war hier. Hat sich hinter dem Holzschuppen rumgedrückt und sogar auf dem Grundstück vom Nachbarn.«

Wichs Garten war viel größer als meiner und führte ein gutes Stück um den berühmten Dorffelsen herum. Auf der Rückseite grenzte es an den Wald.

»Moni, Astor würde sofort anschlagen. Er bellt jede Maus an.«

Aber Moni blieb dabei. Sie hatte freundlicherweise eine Suppe gekocht. Wenigstens etwas, das mich mit ihr versöhnte. Doch während wir aßen und ich auf sie einredete, dass sie sich das alles nur eingebildet hatte, merkte ich, dass ich keinen Erfolg haben würde. Ich würde sie nicht vom Gegenteil überzeugen. Sie war absolut der Meinung, ihr Kerl sei im Anmarsch. Wenn man all die scheußlichen Geschichten, die über die beiden im Umlauf waren, berücksichtigte, war weiterer Irrsinn vorprogrammiert.

»Was kann er denn tun, Moni? Die Tür aufbrechen? Ein Fenster einschlagen? Wir können doch nicht die Polizei rufen – auf den alleinigen Verdacht hin, dass er sich hier herumtreibt.«

»Das ist es ja«, murmelte Moni. Sie rührte in ihrem Teller, obwohl sie sich sichtlich nichts aus Linsen und Kartoffeln machte. »Es passt nicht zu Gerolf, in der Kälte herumzustehen. Viel zu unbequem für ihn.«

»Na, dann!« Erleichtert löffelte ich meinen Teller leer.

»Wirklich, ich habe jemanden gesehen. Dick eingemummelt. Und es war Gerolf! Ich habe seine Jacke erkannt. Das ist so eine teure Marke mit einer norwegischen Flagge auf dem Rücken.« Sie beugte sich vor. »Ilsa, es war Gerolf.«

»Und wo ist er jetzt? Der Holzschuppen ist abgesperrt. Und zwar von außen. Wie lange kann sich jemand bei Tiefkühltemperaturen da draußen herumtreiben, ohne die Lust zu verlieren? Da hilft selbst die beste Thermokleidung nichts.«

Sie war nicht überzeugt.

Und obwohl ich alles daran setzte, ihr einzureden, es sei alles in Ordnung, war mir klar, dass ich mich selbst belog. Denn ich hatte draußen im Garten ganz deutlich die Anwesenheit eines anderen Menschen gespürt. Es war ja letztlich logisch: Gerolf konnte Moni nicht loslassen. Falls er also am Leben war, suchte er natürlich nach ihr. Dass er das mit einer gewissen Vehemenz tat, passte vermutlich zu seiner Persönlichkeitsstruktur. Ein Psychopath würde nicht locker lassen. Konnte es sich nicht bieten lassen, von seiner Freundin so ausgespielt zu werden.

Ich trug das Geschirr zur Spüle. »Woher soll Gerolf wissen, dass du hier bist?«, fragte ich. »Wir beide, du und ich, sind einander durch Zufall über den Weg gelaufen. Keine Spur führt zu mir.«

Was nicht stimmte. Ich hatte mit seinem Kumpel Jacko telefoniert. Der hatte meine Handynummer. Mich sogar angerufen. Shit!

»Er wird das nicht auf sich sitzen lassen«, murmelte Moni.

»Dass du auf und davon bist? Nach einem Unfall?«

Sie zuckte die Achseln. Ich setzte mich neben sie.

»Du erinnerst dich immer noch nicht?«

Sie schüttelte den Kopf.

»Du warst voller Blut, Moni!«

Sie warf mir einen kurzen, zweifelnden Blick zu, dann barg sie das Gesicht in ihren Händen.

»Du musst da was klären«, sagte ich. »Geh ihn bei der Polizei wegen Körperverletzung anzeigen. Pack deinen Kram und studiere woanders weiter.«

»Er wird mich nie gehen lassen.« Sie sah auf. »Was du vorhin gesagt hast, dass ich behauptet hätte, ich würde ihn nicht gehen lassen …«

»Ja, ja, schon verstanden! Das ist nicht die Wahrheit. Er hat es sich ausgedacht, um dich weiter zu isolieren. Die Gesellschaft hat sich noch immer nicht daran gewöhnt, dass Frauen bei echten Vergewaltigungen ihre Rechte einfordern, und ein Bluff bei so einem sensiblen Thema …«

»Ich hätte nie so etwas zu ihm gesagt. Dass ich zur Polizei gehen und ihn anzeigen würde. Niemals!«

Nein. Hätte sie nie. Dazu war sie viel zu schwach. Zu gutmütig. Zu ängstlich. Seltsam nur, dass ihre Kommilitonen, zumindest Aysa, Gerolfs Behauptung zu glauben schienen. Er musste ziemlich überzeugend auftreten können. Ein richtiger Tausendsassa vermutlich. Moni war bestimmt nicht die Erste, die auf ihn reingefallen war.

»Hatte Gerolf andere Freundinnen? Vor dir?«

»Klar. Die Letzte war eine gewisse Lena. Auch Jurastudentin.«

»Und? Wo ist die jetzt?«

»Keine Ahnung. Ich habe den Kontakt verloren. Sie ist nämlich nicht auf Facebook oder so.«

Clevere Frau, dachte ich. Gerade wollte ich ansetzen, Moni näher über ihre Vorgängerin auszufragen, als Wichs Boxer zu bellen anfing. Er schien sich überschlagen zu wollen. Ich trat ans Fenster und schob den Vorhang beiseite. Drüben bei Wich ging die Außenbeleuchtung an. Für den Bruchteil einer Sekunde glaubte ich, jemand trete vom Gartenweg zurück in die Schatten. Ich blinzelte. Beugte mich vor. Es konnte sein, dass ich einen Mann sah, der über den Gartenzaun sprang und hinter meinem Auto in Deckung ging. Wahrscheinlich waren es meine überspannten Nerven, die ihren inneren Druck in absurden Halluzinationen entluden. Jedenfalls konnte ich keine Fußspuren sehen. Kurz darauf ging bei Wich die Haustür auf. Er brachte jemanden hinaus. Eine Frau mit einem Korb in der Hand.

Wich? Eine Frau? Die beiden schüttelten sich die Hände, dann stieg die Frau in den Wagen, der vor Wichs Grundstück parkte, startete den Motor und fuhr davon. Im Licht der Scheinwerfer konnte ich sehen, wie dicht die Schneeflocken fielen. Astor raste wie ein Verrückter kläffend hinter dem Wagen her, biss in den Schnee, amüsierte sich ein bisschen mit dem kalten Weiß, bis er mit einem zufriedenen ›Wuff‹ zurück zu seinem Herrchen lief.

Wenn dort jemand hinter meinem Wagen säße, dachte ich, würde der Hund ihn wittern und nachsehen, was los ist. Aber der Boxer interessierte sich hauptsächlich dafür, mein Gartentor anzupinkeln und anschließend im warmen Nachbarhaus zu verschwinden.

Für Augenblicke lehnte ich die Stirn gegen die eiskalte Scheibe. Gesetzt den Fall, Gerolfs Ex war zurückgekommen, um Rache zu nehmen … war sie die Person, die Gerolf und Moni angeblich gefolgt war?

29

Moni kämpft um ihr Gedächtnis. Ilsa wird das nicht glauben, aber Moni kämpft wirklich. Sie ringt um jeden Splitter Erinnerung, der ihr in ihren Träumen durch den Kopf fliegt wie ein Fetzen Papier auf einer stürmischen Straße. Sie liegt in dem zu weichen Bett in Ilsas Haus unter dem Felsen, das Gesicht im Kissen vergraben, unter zwei Decken gekuschelt.

Die Nacht, jene letzte Nacht mit Gerolf, ist in ihrem Gedächtnis ein schwarzer Klumpen aus Kälte. Da waren Sven, Jacko, ein Pärchen und etliche andere Leute, die Moni oft auf Partys getroffen hat, ohne sie wirklich zu kennen. Menschen ohne Gesicht, die mit ihr nicht reden. Nicht mehr.

Moni hat keine Ahnung, ob Ilsa verstanden hat, was Gerolf ihr angetan hat. Ilsa ist keine Frau, der solche Dinge passieren. Ilsa ist ein Dampfhammer, der sich Raum schafft, wo andere sie einengen wollen. Moni hat Angst vor Ilsa.

Angst. Die immerwährende Begleiterin.

Angst. Auf Partys. Und wenn sie mit Gerolf allein ist. Aber sie wird nicht mehr mit Gerolf allein sein, nie mehr. Sie wird keine Partys mehr mit ihm besuchen.

Dabei hat sie alles darangesetzt, ihm zu helfen. Ihm die Liebe zu geben, die er so nötig hat. Sein Vertrauen ins Leben ist völlig zertrümmert. Sie konnte nichts tun. Sie hat alles versucht, doch am Ende ist sie gescheitert.

Am Montagabend … Sie stieg mit Gerolf in seinen Wagen. Sie hatte das Armband am Handgelenk. Das verdammte Armband, das Weihnachtsgeschenk, über das Gerolf eifersüchtig wachte, als sei es ein Haustier, dessen Fütterung und Pflege er genauestens zu kontrollieren hatte. Das Geld dafür hat er von seinem Vater erbettelt. Sie ist mit dem Armband beim Juwelier gewesen, bald nach jenem zerstörerischen Heiligabend. Sie hat den Verschluss lockern lassen, um es leichter abnehmen zu können. Zum Waschen. Zum Schlafen.

Die Schnitte und Wunden, die er ihr in den Monaten seitdem antat, sind nicht mehr abzulegen wie ein Schmuckstück. Sie sind eingraviert in Monis Haut und werden als Narben bleiben, wohin sie auch geht.

Ist Gerolf tot?

Sie weiß es nicht. Sie wünscht, er wäre tot. Sie wünscht, alles wäre zu Ende.

Nach Jackos Party … sie sind ins Auto gestiegen und losgefahren. Gerolf hatte eine Überraschung parat. Damit brüstete er sich seit Tagen. Deswegen wollte er mit ihr allein sein. Da seit geraumer Zeit ohnehin niemand mit ihr sprach, genoss sie tatsächlich die Unterhaltungen mit ihm.

Sie fahren schnell. Moni beobachtet wieder die weiß verschneite Straße vor sich. Sie ist schmal, wie so viele Straßen in der Fränkischen Schweiz, die sich in engen Kurven um die Hügel legen. Moni sieht ihre Hand, wie sie aus dem Nichts auftaucht. Sie greift ins Steuer. Sie keucht, ihr Rücken schmerzt, sie wird gegen etwas Hartes geschleudert und verliert das Bewusstsein.

Als sie zu sich kommt, ist ein zweiter Mann da. Sie sieht Bilder, die nicht wahr sein können. Bunte Tiere, die im Schnee kämpfen. Ein Krokodil. Sie spürt Schmerzen in den Augen, als hätte jemand Sand hineingestreut.

Monis Gedächtnis schließt seine Pforten.

Sie gräbt das Gesicht noch tiefer in das Kissen, damit Ilsa ihre Schluchzer nicht hört. Ihre Beine zucken, als wollten sie laufen, nur laufen, die ganze Moni davontragen. Sie spürt, wie sie rennt. Wie ihre Füße bei jedem Schritt tiefer in verharschten Schnee einsinken. Irgendwo sind Lichter … und da ist Ilsa, hinter der Tankstelle, die Moni zuerst argwöhnisch, dann entnervt mustert. Die Lichter eines Wagens kommen auf Moni zu. Da bricht der Film ab.

Moni steht auf, geht ans Fenster und zieht die Vorhänge behutsam beiseite. Der Ort liegt friedlich da, einzelne Häuser sind noch erleuchtet, auch der große Weihnachtsbaum in der Ortsmitte. Alles ist still. Bald ist Weihnachten.

30

»Wer ist Sven, Moni?«

Ich hatte nicht die Absicht, sie in ihr paranoides Kostüm zurückschlüpfen zu lassen. Sie verschanzte sich in ihrem Unglück wie ein Kakerlak in einem Abflussrohr. Nicht mit mir. Ich legte Holz nach und goss mir ein Glas Wein ein. Und Moni auch gleich.

»Wer ist Sven?«, wiederholte ich. »Mag sein, dass du den Abend des Unfalls vergessen hast. Aber bestimmt nicht die paar Jährchen davor.« Eigentlich hatte ich etwas Nettes sagen wollen, etwas, das Moni aufmunterte, zu reden. Dessen ungeachtet fiel mir gleich auf, wie harsch die Worte klangen. »Als ich dich aufgelesen habe, am Montag, spät in der Nacht, da hast du seinen Namen geflüstert.«

Sie sah mich erschrocken an. Irgendwie kaufte ich ihr ab, dass sie sich auch daran nicht erinnerte. Dummerweise war mir ihr schreckensstarres Wispern gerade erst wieder in den Sinn gekommen. Ich hatte es ausgeblendet. Kein Wunder – es war soviel dubioses Zeug passiert in den vergangenen Tagen, wer sollte da auf einen geflüsterten Namen achten. Am Montag war ich mir nicht mal sicher gewesen, dass sie überhaupt ›Sven‹ gesagt hatte oder nicht vielleicht irgendwas anderes. ›Shit‹ oder ›Mist‹ oder irgendwas.

Den Namen eines Mannes ließ man in solch einer Situation sicherlich nicht einfach so ab.

»Du hast gesagt, dass Sven auf der Party war. Bei Jacko. Am Montag! Wir haben gestern darüber gesprochen.« Ich wedelte mit der Hand vor ihrem Gesicht herum. »Moni! Hallo!«

Sie sah mich an. Tränen schwammen in ihren Augen, aber sie riss sich zusammen.

»Ja. Er war da.«

»Wer ist dieser Knilch?«

»Er hat sich mal für mich interessiert!«

»Aha. Geht's etwas genauer?«

Sie leerte ihr Glas, und ich schenkte ihr nach.

»Ich habe nicht gleich nach dem Abitur Jura studiert. Eigentlich interessierte ich mich für Lehramt. Für Realschulen. Ich dachte, das wäre was für mich. Mit Jugendlichen arbeiten. Bloß nicht so abgehoben wie am Gymnasium, sondern näher an der Wirklichkeit.«

Ich lehnte mich zurück. Eine Frau wie Moni in einer Klasse voller pubertierender Jungs, die sich keine zwei Minuten konzentrieren konnten, zumindest nicht auf den Schulstoff? Unvorstellbar! Ich unterdrückte ein Schmunzeln. In einen Gerichtssaal indessen passte sie zweimal nicht.

»Da habe ich Sven kennengelernt. Wir haben ein Tutorium zusammen besucht. Es war das erste Semester, alles war neu und niemand blickte durch. Am Anfang war ich ziemlich einsam. Es fällt mir nicht leicht, mich an irgendwelche Grüppchen anzuhängen.«

»Stimmt. Du bist der geborene Outsider.«

»Findest du wirklich?«

»Schau dich doch an. Du lässt dich sofort einschüchtern, wenn einer aus Versehen ein bisschen lauter spricht.«

Monis Wangen röteten sich. Ob vom Wein oder weil es mir endlich gelang, sie aus der Reserve zu locken.

»Das war nicht immer so. Ich war früher ein echt freier Typ.«

»Ach nee.« Ich lachte. »Beweise es mir!«

»Wie denn?«

»Behaupte nicht, Gerolf hätte dich komplett umgedreht. Wir sind die, die wir immer waren, egal was uns widerfährt.« Ich überlegte, ob das stimmte. Es mochte was Wahres dran sein. »Wir können von allem gesunden. Wenn es nicht so wäre – wir wären nichts als Opfer. Unserer Herkunft, unserer Lebensumstände, der Leute, denen wir über den Weg laufen … alles könnte uns für immer und ewig kaputtmachen!«

Moni seufzte. »Ich glaube eigentlich nicht, dass man viel am eigenen Leben verändern kann. Man gerät in was rein, das hat Auswirkungen, und auf die muss man reagieren.«

»Quatsch!«

Sie lachte auf. »Jedenfalls haben Sven und ich uns ganz gut verstanden. Ich mochte ihn. Nicht als Mann. Nur als Kumpel.«

»Verstehe.«

»Wir haben zusammen gelernt und sind ab und zu zum Bowling gegangen. Mit ein paar anderen aus den

Seminaren, die wir besuchten. Auf einer Nebenbahn war Gerolf mit seinen Freunden.«

»Und da hat's dich erwischt.«

Sie nickte.

»Und Sven war abgeschrieben.«

»Verstehe mich nicht falsch. Sven ist ein echt netter Typ. Wobei …«

»Nicht attraktiv?«

»Nicht wirklich. Bisschen dick, stacheliges Haar. Er ist nicht sehr faszinierend.«

»Im Unterschied zu Gerolf, dem Adonis«, ätzte ich. »Dessen Faszination hat sich allmählich abgestoßen, hoffe ich.«

Sie senkte den Kopf. »Ich weiß ja, es war ein Fehler, dass ich mich mit Gerolf eingelassen habe. Aber er ist nicht so …«

»Nicht so, wie ich denke? Ha! Da lachen ja die Hühner. Er schlägt dich, ritzt dir Striemen in die Arme, und du verteidigst ihn? Weil er gut aussieht? Ein As im Bett ist? Oder hat er dich wirklich vergewaltigt? War das gar keine Erfindung von ihm?«

»Im Bett ist er echt zärtlich«, murmelte Moni.

»Frau, komm auf den Teppich!« Ich konnte es nicht fassen. Sie hatte sich innerlich um keinen Millimeter von diesem Psychopathen entfernt. Sie verdiente es nicht besser. Manchen Menschen war einfach nicht zu helfen.

»Sven war auf der Party«, fuhr Moni fort. »Obwohl er da gar nichts zu suchen hatte. Gerolf hasst ihn.«

»Einsichtig. Er muss ja damit rechnen, dass Sven noch

Ansprüche auf dich hat.« Ich goss mir Wein nach. »Ich nehme an, Sven ist in Gerolfs Augen ein Prolet, der außerdem was gänzlich Unerotisches studiert: Lehramt! Sven wird nie so viel Kohle machen wie Gerolf, wenn er erstmal Anwalt ist.«

»Gerolf wird es aller Voraussicht nach gar nicht schaffen, Anwalt zu werden. Es sei denn, sein Vater …«

»Ist er so dämlich, dass er die Prüfungen nicht schafft?«

»Faul ist er!« Moni lachte auf. »Er lässt andere für sich arbeiten.«

»Ich sage dir, der Berufsstand Anwalt mag in deinen Kreisen enorm angesehen sein. Dazu kann ich allenfalls anmerken: Es gibt gegenteilige Meinungen.« Ich beugte mich vor. »Hast du mit Sven gesprochen? Bei Jacko, meine ich?«

»Bist du wahnsinnig? Gerolf hätte mir sofort den Hals umgedreht.«

Es war zum Mäusemelken.

»Du hast also weggeschaut, wenn Sven im selben Zimmer war? Oder Blicke mit ihm getauscht? Ihn stumm angefleht, den Ritter zu geben und dich rauszuholen aus diesem Albtraum?«

Von Moni kam keine Reaktion.

»Es muss doch verdammt noch mal geknistert haben. Solche Schwingungen sind geradezu körperlich spürbar. Sogar ein Vollpfosten wie Gerolf muss das gefühlt haben. Gerolf hasst Sven, und Sven ist bestimmt auch nicht gut auf Gerolf zu sprechen, habe ich recht?«

»Natürlich nicht. Übrigens habe ich Sven nie Hoffnungen gemacht. Ich hatte nie vor, mit ihm eine Beziehung anzufangen. Wir waren schlicht gute Freunde.«

»Aber Sven hat sich vermutlich Chancen ausgerechnet. Bis ihm der smarte Anwaltssohn in die Quere kam, der mehr Geld hat, der was Schickeres studiert, und seine liebe Kommilitonin Moni wechselt ratzfatz das Studienfach.«

»Ich habe es nicht wegen Gerolf gewechselt.«

»Darf ich kichern?« Ich schüttelte den Kopf. Sie machte sich dermaßen was vor! »Natürlich hast du. Du wolltest Gerolf. Er schien in deinen Augen ein Glücksgriff.«

»Gerolf hatte eine destruktive Beziehung zu seiner früheren Freundin hinter sich.«

»Damit hat er dir die Ohren vollgejammert. Hat lamentiert, wie gemein alle zu ihm sind und dass ihn niemand versteht. Wer ist denn diese Lena? Hast du sie je nach ihrer Meinung gefragt? Hast du nicht, weil du sie nicht erreichen kannst. Ist ja bezeichnend. Sie macht sich unsichtbar. Ist vermutlich genauso verängstigt wie du. Aber anstatt nachzudenken, glaubst du unbesehen alles, was Gerolf dir vorsülzt.« Ich holte tief Atem. »Sven hingegen hat längst kapiert, was läuft.«

»Er hat gar nicht versucht, auf der Party mit mir zu sprechen.«

»Klar, weil er wahrscheinlich nicht doof ist und ahnt, dass du für seine Annäherungsversuche später büßen musst. Womöglich hatte er sowieso andere Pläne, mit Gerolf abzurechnen.« Vielleicht, dachte ich, folgte er Moni und Gerolf, drängte ihren Wagen ab und hoffte,

Gerolf auf diese Weise auszuknocken. Womöglich wollte er ihn sogar umbringen! Mir wurde kalt: Hatte ein Mann am Ende den anderen getötet? Oder hatte Moni beide Männer ...

»Sven kann keiner Fliege etwas zuleide tun«, meldete sie sich zu Wort.

»Und Gerolf natürlich genauso wenig. Er ist ein guter Mensch, ein Pazifist, ein Philanthrop. Was für ein Selbstbetrug!« Ich wusste, dass ich übertrieb, immer wieder den Finger in Monis Wunde bohrte. Zugegeben, ich hatte keine andere Idee, wie ich sie aus der Reserve locken sollte. »Ist Sven euch nachgefahren? Ist dir was aufgefallen? Wie bist du an diese vermaledeite Tanke geraten?«

»Ich weiß es nicht!« Moni sprang auf. Sie schlug ihren Kopf so heftig gegen die Wand, dass ich vor Verblüffung ein paar Sekunden brauchte, um aufzuspringen und sie in den Schwitzkasten zu nehmen.

»Du hast sie ja nicht mehr alle!«, schrie ich.

Ihre Energie war schon verbraucht.

»Ich hatte den Eindruck, dass Sven uns nachsah, als wir zum Auto gingen.«

»Nachsehen ist nicht verboten. Hat er nichts getan?«

Aber es war sinnlos, sie weiter zu quälen. Sie konnte sich wirklich nicht erinnern.

»Hat er ein Auto, Moni?«

»Einen alten Renault.«

Ich biss mir auf die Lippen. Monis Schramme auf der Stirn war durch ihren Anfall von Selbstzerstörung aufgeplatzt. Ein dünner Faden Blut lief ihre Nasenwurzel entlang. Achtlos wischte sie sich übers Gesicht.

Wenn Moni wollte, konnte sie also aus sich herausgehen. Möglicherweise war sie sogar imstande, nicht nur sich selbst anzugreifen, sondern auch andere?

Ich zog meinen Anorak über und trat vor die Tür. Ich brauchte dringend frische Luft.

31

Jenna lachte noch jetzt über die Dämlichkeit des Detektivs. Wenn sie sich nicht irrte, hatte sie den Mann ausgetrickst. Sie hatte Frau Neumann losgeschickt, mit einem Köfferchen in der Hand, dass es aussah, als wolle sie verreisen. Monis Mutter hatte auf der Straße auf das Taxi gewartet, war schließlich eingestiegen und davongefahren. Der Wagen mit dem Späher hinterher.

Jenna verließ dennoch die Wohnung erst im Schutz der Dämmerung. Sie hastete zum Bahnhof, nahm sich dort ein Taxi und ließ sich in ein Hotel in Nürnberg bringen. Ein ganz einfaches, keines, in dem sie je mit Wilhelm genächtigt hätte.

Später erhielt sie einen Anruf von Elfriede Neumann auf ihrem neuen Handy. Außer Monis Mutter kannte ja noch niemand die Nummer.

»Was gibt es Neues?«

»Ich war bei der Polizei. Habe alles so geschildert, wie wir es besprochen haben. Die wirkten sehr kompetent.« Elfriedes Stimme zitterte.

Jenna wollte nicht in ihrer Haut stecken. Ein Kind zu vermissen ... Wobei die Liebe zu ihrem Kind deutlich abgekühlt war. Wenn sie es recht bedachte, hasste sie Gerolf sogar.

»Allerdings haben sie mir nicht viel Hoffnung

gemacht«, fuhr Elfriede fort. »Ich habe im Internet recherchiert. Es gibt in Bayern Hunderte von Vermissten ...«

»Das Wichtigste ist, dass der Vorgang jetzt in den Akten steht«, erwiderte Jenna. Hundemüde, wie sie war, schaffte sie es beim besten Willen nicht, Elfriede Mut zu machen. »Wir hören voneinander.«

Sie legte sich auf das Bett. Im Zimmer herrschte ein eigenartiger Geruch. Nach billigem Waschmittel. Jedenfalls stellte Jenna sich den Geruch von billigem Waschmittel genau so vor. In ihrem bisherigen Leben kam es nicht darauf an, was solche Dinge kosteten, zumal sie sie nicht einmal selbst kaufte, sondern Anca dafür bezahlte, es zu tun.

Sie barg ihr Gesicht in dem miefigen Kissen und versuchte sich vorzustellen, wo Gerolf steckte. Sie hatte doch gar keinen Grund anzunehmen, dass ihm wirklich etwas passiert war. Vielmehr fürchtete sie, er könnte Moni etwas angetan haben. Sie erinnerte sich an Gerolfs vorherige Freundin. Lena. Eine brünette, sportliche Frau, die gern Ski lief und Volleyball spielte. Jenna war ihr nicht oft über den Weg gelaufen, aber sie hatte dennoch gespürt, was in Lena geschah: Sie entwickelte sich von einer sorglosen, selbstbewussten Frau zu einem verhuschten Mädchen, das ständig auf der Hut war. Bis sie eines Tages verschwand. Sie hatte Gerolf verlassen, und Gerolf war nicht bereit gewesen, sich diese Schmach bieten zu lassen. Jenna hatte einfach die Augen verschlossen und gehofft, Lena wäre klug genug, sich irgendwo ein neues Leben aufzubauen: in einer anderen Stadt, notfalls sogar im Ausland, ohne je eine Spur von sich preiszugeben. Achtlos wischte Jenna die Tränen am Kopfkissen ab.

Es war dunkel im Zimmer. Durch das mit Staub verkleisterte Fenster drang das aufdringliche Blinken von Weihnachtslichterketten herein. Jenna spürte die Einsamkeit aus allen Winkeln kriechen.

Wahrscheinlich war sie eingeschlafen. Sie schreckte hoch, als jemand leise an ihre Tür klopfte. Jennas Herz raste. Es war vorbei. Ihre Flucht war zuende. Wieder klopfte es. Dreimal. Sehr vorsichtig.

Jenna würde sich ganz still verhalten. Sich nicht rühren. Sollte die Person, die dort stand, denken, das Zimmer wäre leer …

»Frau Bednarz?«

Sie kannte die Stimme nicht.

»Frau Bednarz, sind Sie da drin?«

Jenna stand auf. Sie lehnte sich an die Tür. »Wer sind Sie?«

»Ich bin Sven. Ich kenne Moni. Bitte machen Sie auf, ich muss mit Ihnen reden!«

Jenna beobachtete ihre Finger, die den Zimmerschlüssel drehten, als wären sie etwas ganz Fremdes. Die Tür sprang auf. Aus dem nur von einem Exit-Zeichen grünlich beleuchteten Flur löste sich ein Mann.

»Hi. Tut mir leid, wenn ich Sie erschreckt habe.« Er nahm die Mütze ab. Darunter kam eine frisch rasierte Glatze zum Vorschein.

Jenna trat zurück, um ihn hereinzulassen. Er war jung,

kräftig, ein wenig bärig, ein Typ, an dem die Muskeln gutmütig wirkten. Sie schloss die Tür hinter ihm. Schaltete kein Licht an. Die Straßenbeleuchtung malte ihren Schatten und den des Besuchers an die Wand. Ab und zu huschte der Scheinwerfer eines vorbeifahrenden Wagens durch den Raum.

»Wie haben Sie mich gefunden? Sind Sie ein Freund von Gerolf?« Jenna klaubte Mantel und Handschuhe vom einzigen Stuhl im Zimmer, verzweifelt bemüht, ihre Panik unter Kontrolle zu halten. »Setzen Sie sich.«

»Danke.« Er lachte auf. »Wir benehmen uns ziemlich kultiviert, oder?«

»Das tun ja nicht viele«, erwiderte Jenna. »Hat mein Sohn Sie gebeten, mich zu suchen?«

»Nein, nein. Mit Ihrem Sohn habe ich nichts zu tun.«

»Woher kennen Sie mich? Was wollen Sie hier?« Ihre Hände zitterten vor Angst.

»Also, ich … ich fange am besten von vorn an. Ich habe Monis Mutter seit einiger Zeit beobachtet. Ich dachte, vielleicht finde ich Moni bei ihr. Sie ist wie vom Erdboden verschluckt.«

Jenna setzte sich aufs Bett. »Aber …«

»Ich sah, wie Frau Neumann heute in ein Taxi stieg und wegfuhr. Der Typ, der sich vor dem Haus positioniert hatte, folgte ihr. Ich wollte gerade frustriert aufgeben, als Sie aus dem Haus traten. Ich kenne Sie, Frau Bednarz. Irgendwann hat Gerolf eine Party bei sich zu Hause gegeben. Sie kamen spät in der Nacht heim. Da waren wir alle schon bekifft und betrunken.«

Jenna erinnerte sich. Wilhelm war zwar oft außer Haus, aber Gerolf lud eigentlich so gut wie nie seine Freunde in die Villa seiner Eltern ein. Diese eine Party war die große Ausnahme gewesen.

»Also sind Sie doch ein Freund von Gerolf.«

»Nein. Ein Freund von Moni. Ein früherer Studienkollege. Sozusagen.«

»Sozusagen?«

»Damals war Gerolf ganz frisch mit Moni zusammen«, fuhr Sven fort. »Ich war längst misstrauisch. Ich habe ein bisschen was mitgekriegt von Monis Vorgängerin. Lena, hieß sie. Sie ist abgehauen. Hat ein neues Leben angefangen.«

»Wie ich.«

»Wie Sie?« Sven starrte sie verblüfft an.

Jenna lächelte verlegen. »Ich versuche es. Das mit dem neuen Leben. Erzählen Sie weiter.«

»Naja, es war so … ich wusste, dass Gerolf Lena psychisch missbraucht hat, sie unter Druck gesetzt, ständig kontrolliert hat. Er hat sie auch geschlagen. Wir wohnten im selben Wohnheim, und bei einer Erstsemesterparty zu Beginn des Studiums habe ich sie kennengelernt. Gerolf war auch auf dieser Fete. Offenbar glaubte er, dass er unter den Studienanfängerinnen willenlose Frauen aufreißen kann.«

Er spricht von meinem Sohn, dachte Jenna. Er spricht von meinem Sohn!

»Deswegen nahm ich an, dass es zwischen Gerolf und Moni nicht nennenswert anders werden würde, und bin zu der Party bei Ihnen zu Hause gefahren, als alle betrunken waren und keiner mehr fragte, was ich als Lehrämtler unter lauter Juristen machte.«

»Lieben Sie Moni?«

»Wir waren nur gute Freunde.«

»Ah.«

»Klar habe ich mir Hoffnungen gemacht. Sie ist hübsch, ein richtig nettes Mädchen. Doch sehr bald war es Gerolf, der sich an sie heranmachte, und damit waren meine Chancen verwirkt. Ich habe Dreck am Stecken, Frau Bednarz. Ich habe mal Fahrerflucht begangen, Gerolf hat das spitzgekriegt und Moni davon erzählt. Sie hat mir meine Vergangenheit nie vorgehalten. Stolz bin ich natürlich nicht darauf.«

»Ist jemand …«

»Nein, es gab nur Materialschaden. Ich habe ein Auto angefahren und bin abgehauen. Ich hatte den Führerschein gerade ein paar Wochen und geriet in Panik. Das war natürlich saublöd. Vor allem, weil ich hätte wissen können, dass mich jemand gesehen hat.«

»Wo ist Moni jetzt?«

»Ich weiß es eben nicht. Es ist alles ziemlich in die Hose gegangen nach der Party bei Jacko.«

Jenna zog die Beine an und lehnte den Kopf an die Wand. »Erzählen Sie, was Montagnacht passiert ist!«

32

Sven folgte Gerolfs Wagen. Gerolf fuhr immer ziemlich rasant. Sogar jetzt, bei Schnee und Eis, drückte er mächtig auf die Tube.

Sven war vorbereitet. Seit Wochen konzentrierte er sich auf das, was zwischen Moni und Gerolf abging. Das Semester konnte er stecken, aber so schlimm würde es hoffentlich nicht werden. Hauptsache, er regelte erst mal das mit Moni. Alles andere würde sich finden.

Konzentriert blieb er an Gerolfs Auto dran. Die Strecke war kurvig, die Straße eng mit vielen Knicks. Niemand war um diese Zeit unterwegs. Schnee bedeckte die Fahrbahn. Der letzte Schneepflug musste vor Stunden vorbeigekommen sein.

Vorhin, in Jackos Haus, da hatte er so ein dämliches Gefühl gehabt. Als wenn etwas bevorstünde, etwas Gefährliches. Zwischen Moni und Gerolf stand es nicht zum Besten. Er ahnte, dass Moni letzten Endes bei Gerolf blieb, weil sie keine Ahnung hatte, wie sie ihn verlassen sollte. Einer wie Gerolf ließ seine Freundin nicht einfach gehen. Er hatte Ansprüche. Die er verteidigte. Brutal, wie Sven vermutete.

Moni war längst ein Wrack. Eingeschüchtert und bedrückt. Lustlos ging sie zur Uni und zog sich auch sonst zurück, schirmte sich gegen alle ab. Kurz darauf gab es diese schrägen Gerüchte, die er in der Mensa aufschnappte, wenn er sich bei den Juristen herumtrieb. Er wollte jetzt nicht darüber brüten, lieber konzentrierte er sich auf die Straße.

Gerolf kam in einer Kurve ins Schleudern, bugsierte den Wagen aber wieder auf die Fahrbahn. Sven hielt Abstand. Ein Wagen kam ihnen entgegen, der Fahrer schien einer von den Vorsichtigen zu sein, kroch in Schrittgeschwindigkeit die Straße entlang. Gerolf drückte sekundenlang auf die Hupe. Der andere Wagen machte einen Schlenker. Sven musste ganz nach rechts ausweichen. Verdammt! Er war so wütend auf Gerolf, so wütend! Der Typ war nicht nur ein Stinkstiefel und ein mieses Arschloch, er war gemeingefährlich. Wenn er, Sven, einen Weg fände, irgendwie an Moni heranzukommen! Wenn er mit ihr sprechen, ihr die Dinge aus seiner Sicht klarmachen könnte! Daran war allerdings nicht zu denken. Moni würde nicht einmal für fünf Minuten mit ihm reden. Aus lauter Angst.

In diesem Moment, als Gerolfs Rücklichter um die nächste Kurve verschwanden, traf Sven eine Entscheidung.

33

Stille erfüllt das Haus. Ilsa ist im Bett. Moni hockt auf dem Fußboden in ihrem Zimmer, eine Decke um die Schultern. Sie will nicht schlafen. Sie will sich erinnern.

Sie hatte Blut an den Händen, sagt Ilsa. In jener Nacht. Aber das einzige Empfinden, dessen sie habhaft werden kann, ist raues, feuchtes Holz, das sie zwischen den Fingern hält. Sie steht auf weichem Boden, Schnee um sie herum. Es ist kalt. Sie sieht Gerolfs Rücken. Er tut etwas Seltsames. Er drischt auf etwas ein. Sie muss unbedingt aufpassen. Monis Atem rast. Wenn Gerolf so wütend ist, richtet sich seine Aggression schnell gegen sie. Sie geht Schritt um Schritt auf den Mann zu, den sie liebt. Sein Hinterkopf glänzt nass. Sie ist sich nicht sicher, wovon, inzwischen hat sie verstanden, dass jede echte Erinnerung mit etwas gekoppelt ist, das nicht der Realität entspricht. Was ist Erinnerung und was ist nur ein Bild, das sich in ihr Hirn schleicht? Sind nicht alle Erinnerungen Betrüger? Meldungen, die durch lautes Geschrei auf sich aufmerksam machen, damit sie glaubt, sie seien ihr Leben?

Moni sehnt sich nach ihrer Mutter. Obwohl sie Moni nie geholfen hat. Von Zeit zu Zeit hat Moni das Gespräch gesucht. Sie wollte über Gerolf reden und wie schwierig er ist. Aber ihre Mutter hält Gerolf für einen feinen jungen Mann mit Manieren. Sie versteht nichts von den manipulativen Spielchen, die Moni selbst kaum durchschaut. Sie weiß nichts von den Wunden auf Monis Armen und Beinen, den Schmerzen, dem Federmesser.

Manieren!

Moni könnte heulen. Manieren. Becher mit heißer Instant-Suppe, wenn er sie gezwungen hat, nackt im Schnee herumzulaufen. Pflaster auf die schlimmsten Schnitte an ihren Armen. Kinderpflaster mit Tieren drauf. Bunten Tieren.

Sie schluchzt auf. Bunte Tiere im Schnee. Moni hält sich den Kopf. Gerolf muss ein Tier getötet haben! Unwillkürlich schüttelt sie ihren Kopf, als könnte sie so die Fragmente, die ihr noch fehlen, aus dem Schädel befördern. Sie hat einen Ast in der Hand. Sie riecht das feuchte, kalte Holz. Dann Schwärze. Vor ihr liegt ein Körper im Schnee. Ein blutender Körper. Das Blut rinnt in das kalte Weiß. Moni hält den Ast nicht mehr in der Hand. Vielleicht war das kein Ast. Vielleicht ein Schwert, ein Dolch, ein Messer.

Gerolfs Messer fällt ihr ein. Wie er es genüsslich lächelnd aufschnappen ließ, ihre Panik genoss, bisweilen stellte er dabei sogar ein fürsorgliches Gesicht zur Schau. Nie wird sie vergessen, wie die Klinge des Messers ihre Haut ritzte, die ersten Blutstropfen aus der Wunde quollen.

Da liegt ein blutender Mann im Schnee. Das Bild kommt näher, wie ein Foto, das unbarmherzig vergrößert wird. Klick. Näherkommt. Klickklick. Den ganzen

Raum einnimmt. Klickklickklick. Monis Herz droht zu explodieren. Sie streckt die Hand in die Dunkelheit des Zimmers. Sie muss sich schützen. Endlich für ihre eigene Sicherheit sorgen, was geht sie das Blut an, das dort im Schnee versickert, es hat nichts mit ihr zu tun, soll er sterben, soll er verrecken, im Wald, in der Kälte, solange sie ihn nie wieder sehen muss.

Von draußen hört sie etwas. Ein Geräusch. Schritte? Ein Hund bellt irgendwo. Moni denkt, es ist Wichs Hund. Der jedem Eichhörnchen nachkläfft.

Moni steht auf. Sie hatte Blut an den Händen. Sie hat ihn umgebracht.

Ihr Kopf ist ganz leer. Die Erinnerungen, die sie so mühevoll herbeigerufen hat, sterben ab. Verlöschen wie Kerzenflammen. Sie sieht auf ihre Hände. Hat sie das Messer berührt? Hat sie Fingerabdrücke hinterlassen? Hat sie das Messer an Ort und Stelle weggeworfen?

Irgendwo knackt eine Diele. Das alte Haus atmet im Takt seiner Jahre.

34

Samstagmorgen. Der Nebel klebte über dem Dorf. Der berühmte Felsen, mein Haus und das von Wich waren komplett eingehüllt in graue Nässe. Man sah keine Hand vor Augen, als ich um halb neun aufwachte und ans Fenster trat. Die Welt war außergewöhnlich still. Als würde der Nebel sämtliche Geräusche in sich aufsaugen.

Ich war wie zerschlagen. Hatte kaum schlafen können, nachdem die beruhigende Wirkung des Alkohols abgeklungen war. Um nicht ständig von dem feindlichen Knacken und Knarren des Hauses hochzuschrecken, hatte ich mir meinen mp3-Spieler in die Ohren gestöpselt und meine Lieblingsplaylist laufen lassen: alle Hits von Skunky Pie aus unserer allerbesten Zeit.

Der Ofen war kalt. Ich kehrte die Überreste des gestrigen Feuers zusammen. Der Aschenkasten war zum Überlaufen voll. Ich zog ihn raus, schlüpfte rasch in meine Stiefel. Als ich die Tür öffnete, biss mir die feuchte Kälte unflätig ins Gesicht. Schnell ging ich um die Ecke, eine feine Aschespur im Schnee hinterlassend. Und erstarrte.

An meiner Mülltonne stand Wich. Hastig schloss er den Deckel.

»Morgen«, sagte ich.

Er fuhr herum. »Ilsa! Guten Morgen!«

»Was machst du hier?«

»Deine Mülltonne war umgekippt.« Als würde das irgendetwas erklären, wies er auf die Spuren im Schnee. »Der ganze Abfall lag hier rum.«

»Aha.«

»Astor geht's nicht gut. Kotzt überall hin. Hat scheinbar was Falsches gefressen.«

»Woraufhin er hier in meinen Garten gekotzt hat, ja? Der arme Hund neigt offenbar zu Magenverstimmungen.«

»Ich habe alle Spuren beseitigt, Ilsa.« Wie zum Beweis hielt Wich eine Schaufel hoch.

»Was hast du ihm denn zu fressen gegeben?«

»Nichts anderes als sonst. Hunde sind eben so: Die schlingen alles Mögliche runter! Was halt auf der Straße rumliegt!« Er nickte, als müsste er sich diesen Quatsch selbst bestätigen. »Also: schönen Samstag!«

Er stapfte davon. Nach wenigen Schritten hatte der Nebel ihn geschluckt.

Ich stellte den Aschenkasten in den Schnee und öffnete die Tonne. Wühlte. Kramte immer tiefer. Warf schließlich sämtliche Müllbeutel auf den Boden.

Die Tüte mit Monis blutigem Pulli war weg.

Ich ging ins Haus, wo ich den Ofen anschürte und Kaffee aufsetzte. Moni schien noch zu schlafen. Während ich darauf wartete, dass das Haus sich erwärmte, fragte ich mich, wie viel ich eigentlich über meinen Nachbarn wusste. Über Bernhard Wich, den Hundeliebhaber, der sein Leben in Rothenfels verbrachte. War sein Hund wirklich krank? Gestern Abend war er noch fröhlich hinter dem Wagen hergerannt, in dem Wichs Besucherin abgefahren war.

Ich goss mir Kaffee ein. Setzte mich an den Ofen. Mir schwirrte der Kopf. Wieso sollte Wich die Tüte mit dem Pulli wegschaffen? Hatte Moni sie eventuell selber rausgenommen? Hatte ich nicht gestern Abend den Eindruck gehabt, jemand würde sich im Schatten verbergen? Nicht Wich, jemand anderer?

Wahrscheinlich hatte ich mir das zusammengesponnen. Es war einfach nicht mein Ding, in diesem deprimierenden Haus zu sitzen, drei Tage vor Weihnachten. Ich würde abhauen. Immerhin hatte ich eine Wohnung in Berlin. Mit Zentralheizung. Weit weg von Monis wirrer Geschichte und irgendwelchen Typen, die sich nicht im Griff hatten. Von Wich und seinem kotzenden Hund.

Plötzlich stand mein Entschluss fest. Mich gab es hier nicht mehr. Ich war schon auf dem Weg. Unterwegs konnte ich Moni ja irgendwo absetzen.

Entschlossen klopfte ich an ihre Tür. Keine Antwort. Ich klopfte lauter. »Moni?« Sie reagierte nicht. Voll dunkler Vorahnungen drückte ich die Klinke hinunter.

Das Zimmer war leer. Moni hatte den Sittich gemacht.

Zwei Minuten später stellte ich fest, dass mein Auto nicht mehr da war. Ich hätte brüllen können vor Wut. Warum war mir das vorhin nicht aufgefallen? Okay, im dichten Nebel sah man ja kaum die Hand vor Augen,

geschweige denn einen Wagen, der jenseits des Garten-
zauns parkte. Außerdem war ich so auf meinen Asche-
kasten und die Mülltonne und die fehlende Tüte fixiert
gewesen …

Bebend vor Zorn ging ich zu Wich rüber. Von meinem Grundstück aus konnte ich sein Haus gar nicht
sehen. Mit unsicheren Schritten tappte ich in die Richtung, die ich kannte. Nach ein paar Metern sah ich weder
mein Haus noch seines. Ich stand mitten in einer grauen
Suppe. Schließlich tauchten die Umrisse seines Wagens
vor mir auf. Ich hörte ein Winseln.

»Wich?«

»Ilsa, bist du das?«

Wich hievte Astor in sein Auto. »Ich muss mit dem
Hund zum Tierarzt, der arme Kerl ist völlig apathisch.
Ich habe schon angerufen, der Mann ist in Ordnung,
behandelt Notfälle auch samstags.« Er legte den Hund
auf der Rückbank ab und richtete sich ächzend auf.
»Himmel, mein Kreuz!«

»Wich, mein Auto ist weg.«

Er starrte mich an. Dann glotzte er in die Richtung,
wo ich normalerweise parkte. »Wie …«, begann er.

»Und Moni auch.«

»Aber …«

»Du bist doch vorhin bei mir drüben gewesen. Warum
hast du nicht gesehen, dass der Wagen nicht mehr da
ist?«

»Ich bin hintenrum gegangen. Beim Holzschuppen
vorbei.«

Ich verschränkte die Arme.

»Ja, ich musste ja Astor hinterher. Seine Kotzspuren beseitigen.«

Ich sagte nichts.

»Entschuldige, ich muss zum Tierarzt, ja? Bis später!«

Er schwang sich hinter das Steuer. Ich drehte mich um und tastete mich durch den Nebel zurück zu meinem Haus. In dem Augenblick, als es in Sicht kam, hatte ich den Eindruck, jemand schlüpfe durch die Haustür hinein.

Jetzt drehte ich wirklich langsam durch.

35

Am frühen Morgen fuhren Sven und Jenna aus Nürnberg weg. Es war noch dunkel und ziemlich neblig. Auf den Straßen herrschte kaum Verkehr. Sie verließen die Stadt, und bald verlor Jenna bei den vielen Abzweigungen und Nebensträßchen, die sie immer tiefer in die Fränkische Schweiz führten, die Orientierung.

Nach über einer Stunde Fahrt hielten sie endlich an einem Wanderparkplatz mitten im Wald. Jenna stieg aus. Sie war unfähig, all das, was sie erfahren hatte, zu verarbeiten. Völlig übermüdet von der schlaflosen Nacht, sehnte sie sich nur noch danach, abzuschalten. Am liebsten wäre es ihr, der Nebel würde alles um sie herum auslöschen und sie vergessen lassen, wer sie selbst war.

»Kommen Sie!« Sven ging ihr voraus, einen schmalen Weg entlang, den er nach wenigen Metern verließ. Er führte Jenna durchs Unterholz. Der Schnee war nass und matschig und kroch in Jennas Stiefel. Sie bückte sich, schlüpfte unter den tief hängenden Zweigen durch, die Sven für sie anhob. Nach fünf Minuten blieb er stehen.

»Es war sehr leicht«, sagte er. »Ich überholte Gerolf und stellte mich quer. Er musste ausweichen und knallte gegen den Baum dort.«

Mit klopfendem Herzen ging Jenna zu der Buche, auf die Sven deutete. Sie sah den Abdruck einer Stoßstange im Stamm. Die Buche war nicht besonders dick und hatte bei dem Aufprall Schlagseite bekommen. Sie bog sich nun unnatürlich zur Seite.

»Die Motorhaube war zerdrückt. Das Blech stand ein Stück hoch«, fügte Sven hinzu. »Wie ein Dreieck. Aber der Motor lief noch.«

Jennas Finger glitten über die Buchenrinde. Sie fühlte sich weich an.

»Und dann?«, fragte sie.

»Gerolf stieg aus. Er machte einen Riesentanz. Zuerst hat er mich gar nicht bemerkt. Ich war auf der Straße umgekehrt und fuhr weg. Zu diesem Wanderparkplatz. Den hatte ich vorher gesehen, und irgendwie … ich …«

»Sie wollten abhauen. Das haben Sie ja schon einmal gemacht.«

»Nein! Ich wollte nicht, dass die beiden mich gleich sahen. Ich stellte mein Auto ab und ging zu Fuß zurück. Musste doch herausfinden, was mit Moni war.«

Jenna strich sich das Haar aus der Stirn. Sollte sie diesem jungen Mann glauben, der vor ein paar Jahren wegen Fahrerflucht verurteilt worden war? Wie viel war sein Wort wert? War er nicht einfach ein notorischer Feigling, der ab und zu impulsiv reagierte, sich nicht unter Kontrolle hatte?

»Gerolf und Moni waren ausgestiegen. Moni stand ohne Jacke da. Sie zitterte in der Kälte. Ich hätte ihr am liebsten meinen Parka gegeben.«

»Männer und Heldentum.«

»Wie bitte?«

Jenna zuckte die Schultern.

Konfus erzählte Sven weiter: »Gerolf war wahnsinnig wütend. Ich glaube, der Schock hat seinen inneren Groll noch mehr angefacht. Er konnte mich nicht sehen und ging in seiner Wut auf Moni los. Packte sie am Pullover und schüttelte sie und schrie sie an, sie sollte ihm bitte mal erklären, was hier eigentlich ablief. Er knallte Moni mit dem Kopf gegen den Baumstamm. Einfach so. Sie sagte keinen Ton. Wehrte sich nicht. Ich wurde stinksauer. Bisher hatten die beiden mich nicht gesehen. Ich machte ein paar Schritte auf sie zu und rief etwas. Damit Gerolf erstmal von Moni abließ. Was er auch machte. Er wirkte total verblüfft. Aber nicht ängstlich.«

»Mein Sohn kennt keine Angst«, sagte Jenna. Das war genau der Punkt, der sie immer erstaunt hatte. Gerolf hatte niemals Angst. Vor nichts. Er ist eben sehr selbstsicher, dachte sie früher oft. Sein Vater interpretierte Gerolfs Arroganz und Manipulationssucht als Selbstvertrauen. Aber Gerolf war ja genau sein Abbild! Wie konnte sie erwarten, dass Wilhelm durchschaute, was eigentlich dahintersteckte? Eine kranke Persönlichkeit, an der sie, Jenna, keine Schuld traf. Keine strengere Erziehung, kein Internat, keine pädagogischen Ratschläge hätten je etwas an der gestörten Veranlagung ihres Sohnes geändert. Das begriff sie jetzt. Wie aus heiterem Himmel. Hier in dem nebligen Wald, hungrig, übermüdet. Neben diesem jungen Mann, der versucht hatte, die Frau, die er liebte, aus den Händen eines Monsters zu retten. Ein Stümper, der sich selbst damit das Grab schaufelte.

»Jedenfalls«, redete Sven weiter, »ließ Gerolf von Moni ab und kam auf mich zu. Das Licht seines Wagens brannte noch. Die Scheinwerfer waren tadellos okay. Es sah gespenstisch aus. Im Wald war es ganz still. Ich hörte nur das Schnurren des Motors. Gerolf schob die Hand in die Tasche seiner Jacke. Als er sie rauszog, hielt er ein Messer in der Faust.«

Jenna erinnerte sich an Gerolfs Gequengel, als er ein kleiner Junge war. Vielleicht acht Jahre alt. Er wollte ein Federmesser. So eines, wie sein Vater eines besaß. Sie hatte widerstanden, aber irgendwann hatte Wilhelm ihm eines gekauft. Ungefähr zwei, drei Jahre später. Sie hatte so getan, als wüsste sie nichts davon, obwohl es offensichtlich war, dass Gerolf damit alle möglichen Gegenstände aufschlitzte. Teddybären, Sofabezüge, Jennas Chanel-Handtasche. Einmal hatte er eine streunende Katze getötet und den Kadaver im Garten verscharrt. Vom Haus aus hatte sie zugeschaut, von Schuldgefühlen übermannt. Sie war nicht imstande, diesen Jungen zu erziehen. Von Wilhelm bekam sie keine Hilfe. Er verzog seinen Sohn nach allen Regeln der Kunst, trieb ihn Schritt für Schritt weiter in diese kranke Gewalttätigkeit.

»Er kam immer näher, und ich sah Moni weit hinten stehen, bei dem Baum, wo sie sich die Stirn hielt«, fuhr Sven fort. »Ich sah ihren Mund auf und zu gehen. Sie muss etwas geschrien haben, aber ich habe nichts gehört. Alles lief aus dem Ruder. Ich war völlig betäubt, starrte Gerolf und sein Messer an.« Sven liefen Schweißtropfen über die Schläfen. »Ich bin trainiert. Aber ich hatte Schiss. Verdammte Schweinerei, was hatte ich Schiss.«

»Er hat die Übermacht behalten, weil er keine Skrupel kennt, und Sie überrumpelt«, vollendete Jenna Svens Geschichte. »Er hat Sie mit dem Messer verletzt. Sie waren am Ende.«

Verdutzt sah Sven Jenna an. Nahm die Mütze vom Kopf. Drehte sie in seinen Händen. »Ich weiß nicht, wie es kam. Plötzlich lag ich am Boden. Irgendwas war mit meinem Bauch. Ich spürte keinen Schmerz, mir war nur klar, dass etwas nicht stimmte. Trotzdem habe ich versucht, auf die Füße zu kommen. Doch Gerolf stand über mir, und ich sah die Klinge im Scheinwerferlicht aufblitzen. In dem Moment war mir klar, dass er kurzen Prozess mit mir machen würde. Ich dachte, ich würde sterben. Dann sackte Gerolf plötzlich über mir zusammen. Moni ... sie hat ihm eins übergebraten.«

»Sie hat was?«

»Ich hätte ihr das nie zugetraut. Sie hat ihn ausgeknockt. Mit einem Ast.« Jenna spürte etwas in sich hochkochen. Angst um ihren Sohn? Wut auf die Frau, die es gewagt hat, ihn zu verletzen? Bin ich noch normal?, fragte sich Jenna.

»Sein Messer hat meinen Bauch erwischt. Es hat geblutet wie verrückt, war aber nur eine Fleischwunde. Moni hat meinen Schal genommen und draufgedrückt. Das Bluten hörte bald auf. Ich spürte wirklich keinen Schmerz. Nicht den geringsten.«

Jenna sah ihren Sohn ausgeknockt auf dem verschneiten Waldboden liegen. Eine immense Leere umfing sie.

»Moni war ganz voller Blut. Ihre Hände, ihr Pulli.

Wir hatten Angst. Wir mussten was tun. Solange Gerolf außer Gefecht war.«

»Da haben Sie seinen Wagen verschwinden lassen?«

Sven nickte. »Ich habe Moni die Schlüssel zu meinem Renault gegeben. Habe ihr gesagt, sie soll damit zu mir fahren. Ich würde schon irgendwie heimkommen.«

»Als Sie Gerolfs Auto beiseitegeschafft hatten, weiß der Himmel wo«, sagte Jenna müde, »kamen Sie hierher zurück. Und Moni und Gerolf waren weg.«

»Aber mein Wagen stand noch da. Die Schlüssel steckten.«

»Beide sind seitdem verschwunden.«

»Hat Gerolf Moni was angetan?«, flüsterte Sven.

»Das weiß ich nicht. Mein Mann hat diesen Detektiv beauftragt, nach Gerolf zu suchen. Mir ist nicht klar, weshalb er sich ausgerechnet dieses Mal solche Sorgen um seinen Sohn macht, denn Gerolf meldet sich sowieso selten bei uns. Vielleicht weiß Wilhelm etwas. Vielleicht ahnt er, dass Gerolf einen Unfall hatte, oder er ist mit seiner Geduld am Ende.«

»Ist das Auto gefunden worden?«, fragte Sven.

»Nicht dass ich wüsste.« Jenna zitterte vor Kälte. Hatte Gerolf Moni getötet? Oder – hatte sie ihn in Notwehr umgebracht? Hatte Sven ihr nur die halbe Wahrheit gesagt?

»Wo haben Sie es versteckt?«, flüsterte sie. »Das Auto, meine ich.«

»Ich bringe Sie hin.«

Schweigend folgte sie Sven zurück zum Wagen.

36

Ich wich in den Nebel zurück. Die Haustür wurde von innen zugezogen. Ganz sachte. Dennoch hörte ich, wie das Schloss zuschnappte. Irgendwas lief hier verdammt verkehrt.

Ich rannte zu Wichs Haus. Sein Ersatzschlüssel lag wie immer unter dem Hundenapf. Schnell schloss ich auf. Sein Jagdgewehr hing im Wohnzimmer im Schrank. Ich nahm es an mich, verließ das Haus und ging zu mir rüber. Seltsamerweise war ich ganz ruhig.

Ich näherte mich meinem Haus von der Straße her, hoffte, dass der Eindringling nicht gerade jetzt aus dem Küchenfenster sah. Da der Nebel sich immer dichter zuzog, fühlte ich mich einigermaßen sicher. Ich legte die Hand an die Haustür. Der Knauf ließ sich drehen, die Tür sprang auf. Es klickte leise. Ich stand schon drin. Deutliche Schuhabdrücke führten vor mir her durch die Diele zu Monis Zimmer. Die Tür war angelehnt. Ich stieß sie auf, das Gewehr im Anschlag.

Ein Typ wühlte in Monis Bett herum. Ein Typ mit rotbraunen Locken, der mir vage bekannt vorkam.

»Was treiben Sie da?«, krächzte ich. Gerne hätte ich meiner Stimme eine überzeugende Note gegeben. Das würde noch kommen.

Er fuhr herum. Starrte mich fassungslos an.

Als hätte ich den Takt meiner Drums aufgenommen, legte ich los: »Jacko, vermute ich. Also? Gibt's eine gute Erklärung für das alles?«

»Scheiße, okay? Warten Sie. Ich …«

»Du scheinst ziemlich verkatert zu sein«, entgegnete ich. »Grau im Gesicht, faltig, eingefallen. Heiße Nacht gehabt?« Allmählich schwang ich mich auf den Rhythmus ein.

»Quatsch. Ich …«

»Keine wirklich gute Voraussetzung für einen Einbruch. Allerdings wirst du nichts von Wert finden. Moni ist abgereist.«

Er lachte. Damit brachte er mich aus dem Beat. »So kann man es natürlich auch nennen.«

Mir fiel es wie Schuppen von den Augen.

»Du und Gerolf – ihr habt sie entführt.« Ich trat auf ihn zu. Schritt für Schritt. Hielt ihm die Laufmündung direkt vor die Stirn. »Dabei hast du mir neulich am Telefon noch vorgeflötet, dass du deinen Kumpel verzweifelt suchst. So, Süßer. Raus mit der Sprache: Was habt ihr vor?«

Zuerst spiegelte sein Gesicht Erstaunen, dann so etwas wie Mitleid. Er holte mit dem Arm aus, wollte sich den Gewehrlauf greifen. Ich war schneller. Ich nahm Schwung und knallte ihm die Waffe an die Wange. Er taumelte, griff sich ins Gesicht. Blut quoll zwischen seinen Fingern hervor. Für ein koksendes Weichei wie ihn reichte das. Mehr Risiko würde er nicht eingehen. Ich trat ihm vorsichtshalber noch in die Eier, wenn auch nicht sehr fest. Er griff sich in den Schritt. Hastig sah ich mich um. In der Steckdose neben dem Bett steckte ein Ladekabel. Ich riss es raus und fesselte Jacko die Hände auf den Rücken. Er wehrte sich nicht, obwohl er stöhnte und ächzte, als würde er von der CIA gefoltert. Ich schnappte mir ein Handtuch und band ihm schließlich noch die Fußgelenke zusammen. Das musste fürs Erste reichen. Mit einem kleinen Pieks in den Brustkorb setzte ich ihn schachmatt. Er fiel auf Monis Bett und begann zu winseln.

»Pass jetzt gut auf!«, sagte ich. Aus unerklärlichen Gründen überkam mich gerade jetzt das Bedürfnis nach einer Partie Solitär. Ausgerechnet jetzt, wo es spannend wurde. »Wenn es euch gelungen ist, Moni heute Nacht zu entführen, hattet ihr schlicht Glück. Ich habe die Flasche Rotwein gestern nämlich so gut wie allein ausgetrunken und mir außerdem auch noch alte Skunky-Pie-Hits in die Ohren dröhnen lassen. Also habe ich euch nicht gehört, vermutlich ist Moni sogar freiwillig mitgegangen.«

Jacko antwortete nicht, hörte aber auf zu flennen.

»Ihr habt Wichs Hund vergiftet!«

»Der Köter war echt nervig.«

»Meinen Müll durchwühlt.«

»Wir wollten doch bloß sichergehen, dass nichts hier war, was auf den Unfall hindeutet und am Ende als Beweisstück verwendet werden kann.«

Ich biss mir auf die Lippen. Es musste um das Blut am Pullover gehen.

»Außerdem seid ihr mit meinem Auto abgehauen.«

»Gerolfs Karre ist verschwunden. Wir sind mit meinem Wagen hergekommen. Gerolf wollte, dass du nicht so schnell mobil bist, deshalb habe ich deine Kiste gefahren und Gerolf meine.«

Soviel kriminelle Energie in einem weichgekoksten Hirn!

»Bloß interessiert es mich natürlich, wieso du nach vollbrachter Tat noch mal zurückgekommen bist.« Ich nahm wieder Wichs Jagdgewehr zur Hand. »Schöne Waffe, was?«

Er warf mir einen Blick zu. »Du bist ja nicht ganz dicht.«

»Hauptsache, du hast deine Tassen alle hübsch fein sortiert im Schrank. Gib es halt zu: Habt ihr was vergessen?«

Er sah weg. Ich hatte den richtigen Riecher gehabt!

Triumphierend legte ich das Gewehr beiseite und durchsuchte seine Taschen. Er wand sich wie ein Aal. Als ich ihn anherrschte, er sollte sich benehmen, hielt er ruhig und fing von vorne mit seiner Ächz-Orgie an. In der Innentasche seiner Jacke fand ich ein Beutelchen Koks und ein lila Smartphone. Es war eingeschaltet.

»Ist das deins?«

»Ja«, knurrte er, wobei er gleichzeitig den Kopf verdrehte, um nach seinem Koks zu schauen.

»Lügner!«, fuhr ich ihn an. »Welcher Mann besitzt bitteschön ein lila Smartphone? Keiner. Es sei denn … egal! Es ist Monis, stimmt's?«

Ich hatte gar nicht gewusst, dass Moni ein Handy besaß. Zumindest hatte sie es nie benutzt, wenn ich sie sehen konnte. Sie hatte es vor mir geheim gehalten …

Ich klickte ein bisschen auf dem Display herum. Fand Nummern. Auch die von einem gewissen Jacko. Ich wählte. Es klingelte in seiner Hosentasche.

»Aha.« Ich drückte auf ›Beenden‹, schnappte mir Jackos Telefon und wählte Gerolfs Nummer.

»Ja? Hast du es?«, hörte ich eine heisere Stimme sagen.

Ich drückte Jacko das Handy gegen das Ohr und blickte ihn dabei so drohend an, dass er augenblicklich das Ächzen einstellte.

Mit der anderen Hand ließ ich das Kokstütchen vor seiner Nase hin und her baumeln. »Frag ihn, ob alles nach Plan läuft«, wisperte ich.

»Läuft alles nach Plan, Gerolf?« Er lauschte ins Telefon. »Okay. Tschüss.«

Ich warf das Handy aufs Bett. »Und? Wie sieht Teil B aus?« Tief Atem holend, fuhr ich fort. »Wir fahren zur Polizei. Die werden ja wohl imstande sein, Gerolfs Handy zu orten.«

»Findet die Polizei bestimmt witzig, was du hier machst: Freiheitsberaubung und Bedrohung mit einer tödlichen Waffe.«

Ich hätte am liebsten laut gelacht. »Das werden wir ja sehen.«

Er schien angestrengt nachzudenken.

»Und wenn ich dir sage, wo sie sind? Und du mich dafür aus dem Spiel lässt?«

»Super Angebot«, lachte ich. »Als zukünftiger Anwalt bist du mit so einer kriminellen Heldentat schließlich nicht zu gebrauchen. Unter Garantie finden die Bullen bei dir zu Hause noch mehr Koks.« Ich trat zum Fenster. Sein Vorschlag klang ja nicht schlecht. Denn Moni mochte unter Gerolfs irrem Einfluss behaupten, sie sei mit den Jungs aus freiem Willen mitgegangen. In dem Fall würde die Polizei mit einem höflichen Lächeln den Rückzug antreten.

»Also, was ist jetzt?«, kam es von Jacko.

Ich überschlug meine Möglichkeiten. Allzu viel Zeit blieb mir nicht. Gerolf wartete auf Jacko, und wenn er nicht bald auftauchte, würde er in Panik geraten. Ich muss auf Jackos Angebot eingehen, und zwar sofort, dachte ich, während ich in Windeseile Monis Handy durchcheckte. Ich fand die Nummer ihrer Mutter. Speicherte sie in mein Handy.

Ich entdeckte ein paar kleine Spielchen auf dem Smartphone, rang das Bedürfnis, draufzuklicken, nieder und setzte frischen Kaffee auf. Koffein erwies sich immer als ziemlich hilfreich, wenn es darum ging, etwas zu verdrängen. Mit zwei dampfenden Tassen in der Hand marschierte ich zurück zu Jacko.

»Ich gehe auf dein Angebot ein«, sagte ich so lässig wie möglich und trank genüsslich vom Kaffee.

Er bekam Stielaugen.

»Aber zuvor müssen wir die Geschäftsmodalitäten klären.«

»Wie …«

»Ein ehrliches Geschäft basiert auf gegenseitigem Vertrauen«, fuhr ich fort. »Ich will zuerst wissen, wie ihr dieses Haus hier gefunden habt.«

»Aysa hat Gerolf angerufen.«

»Oops?«

»Naja, sie hat ihm gesteckt, dass sich eine gewisse Ilsa nach ihm und Moni erkundigt hat. Außerdem wusste sie, dass du was von einer Punkband namens Skunky Lie gefaselt hast.«

»Skunky Pie!«, verbesserte ich ihn missmutig.

»Also sind wir auf die Facebookseite der Band und haben die Fotos durchgesehen. Da war die Band vor einem Haus in der Fränkischen Schweiz zu sehen. Der Felsen dahinter ist so was von bekannt, der ist ja in jedem Reiseführer drin!«

Shit! Dieses verdammte Internet! Dass ich mit meinen Kumpels von Skunky Pie mal hier gewesen war, hatte ich längst verdrängt. Aber alles Jammern und Klagen war jetzt umsonst.

»Was habt ihr dem Hund gegeben?«

»Ein Filet mit Salzsäure.«

Ich trank die Tasse leer und nahm mir die zweite vor. Während ich in die heiße Flüssigkeit blies, rief ich Wich auf seinem Handy an.

»Sag deinem Tierarzt, dass der Hund Salzsäure gefressen hat«, gab ich ihm durch.

»Aber …«

»Ich erkläre dir alles später. Kann sein, dass ich weg muss. Keine Ahnung, für wie lange. Schaust du nach dem Rechten?«

»Das versteht sich von selbst, allerdings …«

»Servus.« Ich legte auf. »So, Jacko: Das wird ein interessantes Weihnachten. Du kannst es unbehelligt zu Hause in eurer schicken Villa feiern. Sofern du mitmachst und dir keine Fehler erlaubst.«

»Kannst du mir wenigstens die Hände losbinden?«

»Falsche Reihenfolge. Raus mit der Sprache: Was genau ist euer Plan?«

37

Es gab keinen Plan. Auf Jackos Informationen vertrauend und mir den Rest zusammenreimend, musste ich selbst einen zusammenschrauben. Was nicht ganz einfach war. Da war nämlich zunächst die Frage, was ich mit dem verschnürten Kokser auf Monis Bett tun sollte. Ihn mitnehmen? Er hatte winselnd ausgespuckt, Gerolf hätte Moni zur Villa seiner Eltern gebracht. Angeblich hätten sie dort sturmfreie Bude. Seine Eltern waren auf Auslandsreise und das Personal im Weihnachtsurlaub.

Mir ging auf, warum er um alles in der Welt die Polizei raushalten wollte. Vermutlich gab es in der Villa einiges mehr an Snow zu holen als das bescheidene Tütchen, das er bei sich hatte.

Am liebsten wollte ich allein nach Gerolf und Moni sehen. Ich wusste ja nicht, ob ich Jacko wirklich vertrauen konnte. Es war sicherer, wenn er hier blieb. Aber allein? Dann fackelte er mir am Ende noch die Bude ab. Zum Glück kam Wich rechtzeitig vom Tierarzt zurück.

Ich rannte vor die Tür.

»Wich!«, rief ich. »Willst du den Kerl sehen, der deinem Astor das Fleisch versalzen hat?«

»Was ist denn das für eine Nummer, Ilsa?« Er kam auf mich zu. Der Hund wirkte schon wieder viel munterer. Mit der Schnauze voran stob er durch den Schnee.

Ich setzte Wich so knapp wie möglich auseinander, was ich in der letzten Stunde erlebt hatte. Führte ihm Jacko vor, der in Panik geriet und behauptete, er müsse aufs Klo, und was wir machten, sei Freiheitsberaubung. Ich drückte Wich sein Jagdgewehr in die Hand, wobei ich ihm bedeutungsvoll in die Augen schaute. Er nickte, nahm das Gewehr, lud durch. Jacko hörte auf zu motzen.

»Wo steht dein Auto?«, herrschte ich ihn an.

»Mein Auto?«

»Zu Fuß wirst du ja nicht gekommen sein.«

Er druckste herum, bis Wich seinen Hund hereinrief. Obwohl Astor kein nachtragender Zeitgenosse war, merkte man deutlich, dass ihm Jacko wenig sympathisch war. Umso besser für mich. Ich verließ das Haus.

»Warte!«, kam Wich mir hinterher. Er senkte die Stimme. »In meinem Schlafzimmer findest du meine alte Smith & Wesson. Sie ist geladen. Sechs Schuss. Geh vorsichtig damit um.«

»Manchmal machst du mir Angst, Wich!« Der Nebel begann sich zu lichten.

Ich holte den Revolver.

Zehn Minuten später fand ich Jackos Wagen, einen tiefergelegten giftgrünen Opel, am Fuß der Straße stehen, die zum Felsen hinaufführte. Dieser vermaledeite Felsen, dachte ich und fuhr los. Wichs Revolver drückte unangenehm an meinen Hüftknochen.

Kaum hatte ich Rothenfels verlassen, klingelte Monis Handy. Ich ging ran.

»Hallo?«

»Wer spricht dort?«, kam es hysterisch aus dem Telefon.

»Sie sind Monis Mutter, ja?«

»Und wer sind Sie?«

Sie knallte fast durch, während ich ihr erklärte, dass ich wüsste, wo Moni war. »Gerolf hält sie in der Villa seines Freundes Jacko gefangen.« Ich gab die Adresse durch, die Wich dem deprimierenden Jüngling aus dem Kreuz geleiert hatte. »Können Sie dorthin kommen? Wir sollten uns nur nicht direkt am Haus treffen.«

»Ich rufe die Polizei!«

»Das können wir immer noch machen. Der Punkt ist: So wie Moni sich in den letzten Monaten benommen hat, wird sie Gerolf wieder nicht anschwärzen wollen. Dann stehen wir erneut am Nullpunkt.«

»Ich bin gerade mit Jenna zusammen in Forchheim.«

»Wer ist denn Jenna?« Ich überholte einen Schneepflug. Es war ein bisschen riskant auf der schmalen Straße, mit dem Handy zwischen Kinn und Schulter, aber es funktionierte.

»Gerolfs Mutter. Sie versteckt sich vor ihrem Mann. Er ist das gleiche Kaliber wie Gerolf. Schlägt sie, misshandelt sie …«

»Sie versteckt sich …?« Du lieber Himmel, wurde denn allen Frauen im Laufe ihrer Erziehung das Mark aus den Knochen gesaugt? Bekam eigentlich keine von uns in Kindheit und Jugend je die Anregung, es zur Abwechslung mit Zurückschlagen zu probieren?

»Also dann, an die Gewehre«, rief ich und legte auf.

20 Minuten später, der Nebel war einem milchigen Dunst gewichen, durch den sich mit unerwarteter Entschiedenheit das Sonnenlicht drängte, traf ich die beiden Damen in der Kurve vor dem Anwesen von Jackos Eltern. Sie saßen in einem VW mit Nürnberger Kennzeichen. Die eine war eine mondän gekleidete Frau, sehr dünn, geradezu mager, mit eingefallenen Wangen, dafür glänzend hergerichtetem Haar und ebenso makellos manikürten Fingernägeln. Auf ihrer Nase saß eine riesige Sonnenbrille. Das musste Jenna sein, Gerolfs Mutter. Die andere blickte mich mit rotgeweinten Augen an.

»Hi«, sagte ich, »ich bin Ilsa.«

»Jenna Bednarz«, hauchte die Schöne.

»Ich bin Elfriede Neumann«, mischte die andere sich hastig ein. Sie stieg aus dem Wagen. »Was sollen wir jetzt tun?«

»Wir müssen ins Haus«, sagte ich zu Monis Mutter. »Frau Bednarz, können Sie Schmiere stehen?« Wir tauschten Handynummern aus. Ich stellte mein Telefon auf Vibration. »Achten Sie auf alles, was sich bewegt.«

»Sollen wir nicht doch lieber die Polizei …«, begann Monis Mutter. Ihr kullerten ein paar Tränen die Wangen hinunter. Sie sah aus, als habe sie in den vergangenen Stunden nichts anderes getan als geweint.

»Sobald wir uns ein Bild von der Situation gemacht haben und etwas in der Hand haben, das Gerolf wirklich belastet, rufen wir die Polizei.« Ich warf Jenna einen Blick zu. Ob ihr zu trauen war?

Mit ernstem Gesicht zog ich Wichs Revolver aus der

Tasche. Nur so, um die Kräfte zu messen. Jenna verzog keine Miene.

»Los geht's!«, kommandierte ich. »Wenn wir in einer Stunde nicht wieder da sind, rufen Sie die Polizei, Frau Bednarz!«

Elfriede und ich stapften durch den Schnee Richtung Haustür.

38

»Kennst du das?« Gerolf hielt das Armband hoch. Die Smaragde funkelten grün vor Monis Augen.

Verzweifelt nickte sie. Tränen schossen ihr in die Augen. Aber sie durfte nicht weinen. Sie würde ersticken, wenn sie nicht mehr durch die Nase atmen konnte. Gerolf hatte ihr den Mund mit Paketband verklebt. Ihr das T-Shirt und den Pulli runtergerissen, ihre Hände hinter ihrem nackten Oberkörper an den Heizkörper gefesselt. Die heißen Röhren versengten ihre Haut. Ab und zu schlug er auf ihre Brüste.

»Und? Wie kommt es, dass du es einfach weggeschmissen hast?«

Sie hatte es nicht weggeschmissen. Sie hatte es abends immer abgenommen, vor dem Schlafengehen, und es neben das Waschbecken in ihrer Studentenbude gelegt. Am Morgen war es nicht mehr da gewesen.

Gerolf schnippte mit dem Mittelfinger gegen ihre Nippel. Der Schmerz schoss durch ihren ganzen Körper. In Monis Kopf drehte sich alles. Ihr Gedächtnis gab Bruchstücke frei. Sven! Sven war in der Nacht aufgetaucht, irgendwo im Wald. Er hatte geblutet … Nicht Gerolf war verletzt gewesen, sondern Sven.

Sie hätte schreien sollen, heute Nacht, sich wehren, toben, darauf hoffen, dass Ilsa aufwachte. Aber sie war

Gerolf und Jacko gefolgt wie ein Schaf. Dann würde es wenigstens ein Ende haben. Wenn er sie umbrachte, wäre alles vorbei. Sie müsste nicht mehr fliehen, keine Angst mehr haben, sich nichts mehr zurechtreden.

Gerolf hatte ihr das Armband zurückgegeben. Hier, in dieser Villa. Auf Jackos Party. Verzweifelt sah sie sich um. Er hielt sie in der Waschküche fest, da stand eine Waschmaschine an der Wand, daneben ein Trockner, außerdem ein breiter Tisch mitten im Raum, auf dem sich Wäschestücke stapelten. Von Jacko war weit und breit nichts zu sehen. Ihn hielt sie letztlich für einen anständigen Kerl, er würde nicht zulassen, dass Gerolf sie tötete. Dabei wünschte sie sich genau das mit aller Kraft: dass er dem allen ein Ende machte. Der Quälerei, den Spielchen, der Kontrolle.

Wenn er ihr das Armband zurückgegeben hatte, warum besaß er es jetzt? Und nicht sie?

Er schlug sie erneut. Sie lehnte den Kopf gegen die Heizung. Nicht denken. Einfach sich ausblenden. Gelegentlich war ihr das gelungen, bei diesen endlosen Abenden mit Gerolfs Freunden. Sie hatte den Unterhaltungen beigewohnt wie ein Zombie. Im rechten Moment gelächelt und an den passenden Stellen das Richtige gesagt. Ohne es selbst zu merken. In Wirklichkeit hatte sie sich in eine andere Welt gebeamt. In die Welt vor Gerolf. Seine Schläge schmerzten, aber es gelang ihr, durch sein wutverzerrtes Gesicht hindurchzusehen. Er hatte schon Schlimmeres mit ihr gemacht. Doch da war sie jedes Mal entkommen. Jetzt gab es keine Rettung mehr; als ihr genau das klar wurde, bäumte sie sich auf. Sie wollte leben. Verdammt, sie wollte leben! Sie wollte alles in Ordnung bringen, die Beziehung zu ihrer Mutter, zu ihren Freunden. Sie wollte neue Freunde finden, ganz von vorne anfangen, irgendwo, etwas anderes studieren. Vielleicht würde sie sogar Sven gewinnen ... Sie steckte Gerolfs Schläge weg. Sah und hörte ihn nicht mehr. Es war, als sackte sie in einen Schlaf, der erst endete, als sie das Klicken eines Feuerzeugs hörte.

Gerolf zog gierig an einer Zigarette.

»Warum hast du das Armband weggeschmissen?« Er blies Moni den Rauch ins Gesicht. »So ein Einzelstück, das hätte ich überall wiedererkannt. Ich nehme an, du wusstest das, oder? Hast dir ausgerechnet, dass du es nicht versetzen kannst, weil ich es finden und wiedererkennen würde, oder?«

Er riss ihr das Klebeband von den Lippen. Sie keuchte vor Schmerz. Ihre Lippen brannten wie Feuer.

»Sag was!«, herrschte er sie an.

»Du ... du hast es mir auf Jackos Party zurückgegeben.«

»Aha!« Er lachte triumphierend. »Also hast du es schon einmal verloren, wie?«

Moni senkte den Blick. Es war falsch gewesen. Sie hatte genau das Falsche gesagt. Bei Gerolf sagte sie immer das Falsche. In ihrem Kopf drehte sich alles. Der Unfall! Sie musste das Armband bei dem Unfall erneut verloren haben. Sie hatte den Verschluss extra lockern lassen. Das war dumm, so dumm. Sie starrte auf ihre Brüste. Unter der weißen Haut bildeten sich langsam dunkle Flecken.

»Rede mit mir!« Er schlug sie mitten ins Gesicht. Ihr Kopf flog gegen den Heizkörper.

»Ich … kann mich nicht erinnern.« Schlagartig erinnerte sie sich doch. Sie sah Gerolf im Wald stehen, in diesem gespenstischen Licht der Scheinwerfer, und auf Sven zugehen. Sven!

»Tolle Ausrede. Wie blöd bist du denn!« Selbstzufrieden verschränkte Gerolf die Arme vor der Brust.

Moni sah Gerolf vor sich, wie er das Messer hob, es Sven mit voller Kraft in den Bauch rammte. Sie hörte sich schreien, hinrennen, sie war in Panik … Aber dann … was geschah dann?

»Warum tust du das?«, flüsterte sie. Es war ihr gleichgültig, dass sie seinen Zorn damit nur umso mehr anfachte. Gerolf hasste schwache Gegner. Sie forderten ihn nicht ausreichend heraus. Gaben ihm keinen Glanz.

»Du gehörst mir, Moni«, sagte er leichthin, nahm die Zigarette aus dem Mund und hielt sie ihr an die Brustwarze. Er drückte die Glut nicht auf ihre Haut, aber der Schmerz war auch so unerträglich. Sie schrie auf.

Er grinste. »Weißt du nicht, dass Rinder zum Beispiel, sagen wir, in Amerika, das Brandzeichen ihres Besitzers bekommen?«

In ihrer Angst versuchte Moni, von Gerolf wegzurücken. Sie riss an den Fesseln. Es war natürlich aussichtslos, ihr Verstand arbeitete nicht mehr. Sie wollte weg. Weg!

»Und mit dir wird es nicht anders sein.« Gerolf näherte sein Gesicht dem ihren, bis sie seinen Atem riechen konnte. »Nur: Niemand wird dir glauben.«

Moni hob den Kopf. Sie hatte etwas gehört. Ein Geräusch im Haus. Oben. Irgendwo direkt über dem Raum, in dem Gerolf sie festhielt.

Gerolf hatte nichts mitgekriegt. Er nahm einen letzten Zug und warf die Kippe hinter sich. »Ich habe mehr von den Glimmstängeln.«

Sie müsste reden. Mehr konnte sie nicht mehr tun. Um ihr Leben reden. Aber alles, wozu sie noch fähig war, bestand in panischem Flehen.

»Erklär mir, was ich dir getan habe, Gerolf. Damit ich es wieder gut machen kann.«

»Gut machen?« Er lachte. »Du hast mich vor allen Kommilitonen bloßgestellt. Denkst du, da ist noch was dran zu drehen?«

»Ich habe nichts gemacht.« Sie sagte es aus Reflex. Sie hatte nichts getan. All die wirren Geschichten, die Ilsa von Aysa mitgebracht hatte … Aysa war nur eifersüchtig. Sie wollte Gerolf haben. Ihre beste Freundin neidete ihr den Freund! Dabei wusste Aysa gar nicht, was ihr entging. Moni sah an sich herunter. Ihr Körper zitterte. Sie spürte keine Kälte, aber sie merkte plötzlich, dass ihre Zähne klapperten.

»Wie blöd kann man eigentlich sein.« Gerolf schüttelte den Kopf. »Unglaublich. Mir wird nichts anderes übrig bleiben, als irgendwo anders ganz von vorn anzufangen. Du hast mein Leben zerstört.«

»Lass mich gehen, Gerolf«, flüsterte Moni. »Ich würde dir niemals Steine in den Weg legen. Das weißt du.«

»Ich lache mich schlapp. Du und mir Steine in den Weg legen?« Er stand auf und riss ihr die Stiefel von den

Füßen. »Du?« Er zog auch die Strümpfe herunter und schlug ihr auf die Fußsohlen. Nicht besonders kräftig. »Du bist doch zu nichts imstande!«

Monis Füße zuckten, doch sie zwang sich, stillzuhalten. Sie durfte ihn nicht noch weiter reizen. Oben hörte sie wieder Schritte. Jacko. Es musste Jacko sein, und Gerolf hörte es auch, aber er reagierte nicht darauf, weil er wusste, es war sein Freund.

Jacko hatte überhaupt nichts verstanden. Heute Nacht, als Gerolf und Jacko sie in Ilsas Haus überwältigten, da hatte sie gehofft, Jacko würde durchschauen, was lief. Er hatte jedoch nur dumpf vor sich hin gestarrt. Ich bin selbst schuld, dachte Moni. Wo ich konnte, habe ich Gerolf verteidigt. Sein Handeln gerechtfertigt, die Scherben hinter ihm aufgekehrt, damit er bei allen im besten Licht erscheint. Ich habe selbst verhindert, dass die anderen merken, was für eine Bestie er ist. Er hat recht. Ich bin zu nichts fähig.

»Ich werde mich ein paar Tage mit dir hier amüsieren. Danach fliegst du raus. Mal sehen, wie lange du durchhältst in der Kälte.« Er lächelte sie aalglatt an.

In Monis Kopf wich die Schwärze. Eiseskälte. Sie hatte so gefroren nach dem Unfall. Ihre Jacke blieb im Wagen, und Sven fuhr ihn weg. Sie konnte sich nicht erinnern, warum Gerolf auf dem Waldboden lag und sich nicht rührte, aber das hatte auch keine Bedeutung. Sie wusste nur, dass sie weggerannt war, in aller Hast, voller Angst durch die Dunkelheit gestürmt war, bis sie irgendwann, nach Minuten oder nach Stunden, an diese Tankstelle gekommen war.

Gerolf knöpfte ihre Jeans auf und zog sie ihr aus. Moni machte keinen Mucks. Sie hoffte, sie könnte ihn hinhalten. Wenn er sie vergewaltigen und nachher aussetzen wollte, würde sie überleben. Das kannte sie ja. Das würde nicht anders sein als an jenem Weihnachten, als er sie nackt in den verschneiten Garten hinausgezerrt hatte.

Die Hoffnung ließ ihr Herz schneller schlagen. Wenn sie noch einmal davonkäme! Noch einmal und dann für immer. Vielleicht hätte sie noch ein Leben. Sie saß nackt bis auf den Slip da. Spürte Gerolfs Blicke, die über ihren Körper glitten.

»Ein paar schöne Narben hast du da!« Er lachte. »In manchen Kulturen tragen die Frauen Schmucknarben. Weißt du sicher nicht.«

Sie sah ihn nicht an. Starrte auf ihre Beine und die verblassenden Hämatome.

»Schau mich an, wenn ich mit dir rede!«, brüllte er.

Sie fuhr zusammen. Sie selbst hatte ihn k.o. geschlagen. Dort im Wald. Nach dem Unfall. Einmal hatte sie es geschafft, die Hand gegen ihn zu erheben.

»Lass mich gehen«, murmelte sie.

»Ach, weißt du was: Dein Geschwätz geht mir auf den Geist.«

Mit einer schnellen Bewegung zwang er das Armband in ihren Mund und drückte das Klebeband über ihre Lippen.

39

Es war nicht besonders schwierig, ins Haus zu kommen. Jacko hatte die Alarmanlage deaktiviert, damit Gerolf tun und lassen konnte, was er wollte. Die schönen Sprossenfenster im Erdgeschoss boten den Vorteil, dass das Glas relativ leise einzudrücken war. Ich übernahm das, mit meinem Schal als Handschutz. Elfriede in ihrer Panik hätte sich vermutlich gleich mit ihrem ganzen Körper gegen das Fenster geworfen. Behutsam drehte ich den Fenstergriff. Das Fenster schwang auf. Ich stemmte mich hoch, kletterte ins Zimmer und ließ Elfriede durch die Haustür rein.

»Wir lassen die Tür gleich angelehnt«, wisperte ich. »Damit Jenna zur Not nachkommen kann.« Man konnte nie wissen, ob Verstärkung gebraucht wurde.

»Wo sollen wir sie suchen?«, flüsterte Elfriede zurück.

Ich zuckte die Schultern. Das Haus war vollgestopft mit kitschigem Weihnachtsschmuck. Pinke Kunststoffhirsche mit glitzerndem Schneeimitat auf dem Rücken und derartige Scherze. Ich mochte gar nicht hinsehen. Ansonsten herrschte übelste Unordnung. Es sah aus, als hätte Jacko seit Wochen nichts anderes getan als Partys gefeiert, ohne ein einziges Mal zwischendurch den Besen zu schwingen. Während ich noch über eine

Strategie nachsann, hörte ich etwas. Elfriede und ich sahen uns an.

»Hat da jemand geschrien?«, fragte sie.

»Psssst!« Ich legte den Finger auf die Lippen.

Da hatte eindeutig jemand geschrien. Vor Angst, vor Schmerz. Gerolf bestimmt nicht.

»Das kam von unten.« Elfriede ließ sich nicht mehr aufhalten. Sie suchte nach der Kellertreppe und machte dabei für meinen Geschmack einen Heidenlärm.

»Leise!«, warnte ich. »Wenn er uns entdeckt, ist Moni jedenfalls nicht geholfen.«

Wir fanden eine Tür im hintersten Eck der Diele. Warfen uns einen Blick zu. Entschieden. Elfriede drückte die Klinke runter und öffnete. Vor uns lag eine steil nach unten führende Treppe. Es war finster, nur von unten her fiel fahles Licht auf die Stufen.

Wir nickten uns zu. Ich ging vor. Elfriede dicht hinter mir. Ich hörte ihren keuchenden Atem. Ob ich mich auch anhörte wie eine Diesellok? Jedenfalls schlug mir das Herz bis zum Hals, als ich unten ankam und vorsichtig um die nächste Ecke lugte.

Das durfte nicht wahr sein. Da hockte Moni, nackt, an einen Heizkörper gefesselt, und vor ihr kniete ein Kerl und pappte ihr Klebeband über den Mund.

Wenn Elfriede das zu Gesicht bekäme, würde sie austicken und uns verraten. Ich drehte mich um, legte ihr die Hand über die Lippen und schob sie zurück zur Treppe.

»Still!«, zischte ich in ihr Ohr. »Sie sind in der Waschküche.« Ich wies hinter mich.

Was jetzt? Ich nahm Wichs Revolver aus der Tasche. Er lag schwer in meiner Hand. In meinem ganzen Leben hatte ich ein solches Ding nicht benutzt. Heute früh mit Jacko hatte der Bluff wunderbar funktioniert. Gerolf war ein anderes Kaliber.

Undeutlich hörte ich ein Stöhnen. Ein kehliges, von Schmerz und Entsetzen verzerrtes Geräusch. Elfriede spannte alle Muskeln an. Es blieb keine Zeit zum Nachdenken. Wir rasten um die Ecke.

»He, du Schwein!«, schrie ich. »Nimm die Hände hoch!«

Gerolf fuhr herum. Ich roch Zigarettenrauch und erfasste die Situation mit einem Blick. Er brannte ihr Löcher in die Haut. Nicht irgendwo hin. Auf die Brüste.

Mir blieb die Spucke weg. Elfriede hinter mir stürmte wie ein Bulle schnaubend in die Waschküche. Sie drückte Gerolf zur Seite, der kippte um und knallte mit den Rippen gegen die Waschmaschine. Ich versuchte, mich an die passenden Szenen in Fernsehkrimis zu erinnern, und hielt ihm den Revolver vors Gesicht.

»Aufpassen, Idiot!«, sagte ich.

Elfriede kauerte neben ihrer Tochter und legte ihre Jacke um sie. Sie weinte und jammerte und sagte tausend alberne Dinge zu Moni, die ihre Mutter mit schreckensweiten Augen anstarrte.

»Ziehen Sie ihr halt das Klebeband ab«, sagte ich.

»Nichts da!«, rief Gerolf scharf.

Ab diesem Moment ging alles sehr schnell. Mir war nicht klar, wie viele Fehler man in einer solchen Situation machen konnte, jedenfalls war jeder einer zu viel.

Etwas Scharfes schnitt mir durch die Hand. Ich ließ den Revolver fallen. Er schlug mit einem scheußlichen Knall auf dem gekachelten Boden auf.

Gerolf sah mich mit einem überheblichen Grinsen an. In seiner Hand hielt er ein Messer. Blut tropfte von der Klinge. Mein Blut.

40

Jenna ging an der Straße auf und ab, um wenigstens einigermaßen warm zu bleiben. Sie hatte das Gefühl, jemand beobachte sie, aber das konnte kaum sein. Hier an der Straße hätte sie diesen geheimnisvollen Spanner bemerken müssen. Oder hockte jemand im Wald, jenseits der Wiesen, die die Straße säumten? Man kann wirklich paranoid werden, dachte Jenna, wenn man nicht schläft. Sie fragte sich, ob sie überhaupt jemals wieder schlafen könnte. Wenn es stimmte und Gerolf in der Villa dort hinten ... sie mochte nicht weiterdenken. Obwohl sie es sich mit allen Mitteln auszureden versuchte, spürte sie eine Mitschuld. An Monis Leiden. An Elfriedes Angst. Sie hatte in allem komplett versagt. Wenn sie selbst früher etwas unternommen hätte ... Aber was? Sie war stets einzig und allein darauf bedacht gewesen, sich selbst zu schützen. Nicht zu oft bei Wilhelm in Ungnade zu fallen. Ihrem Mann und ihrem Sohn aus dem Weg zu gehen, um in einem parallelen Leben ab und zu Ruhe zu finden.

Elfriedes Anruf hatte sie an dem Baggersee erreicht, wo Sven Gerolfs Auto versenkt hatte. Sie hatte es nicht glauben wollen, dass er das einfach so gemacht hatte, aber seine Erläuterung schien vernünftig. Das Baggerloch lag keine fünf Minuten Fahrt von der Unfallstelle entfernt. Der viele Schnee in den letzten Tagen hatte alle Spuren beseitigt, und auf dem Wasser hatte sich eine Eisschicht gebildet. An einer Stelle am Ufer sah sie dünner aus als auf dem Rest des Sees. Sven hatte genau darauf gezeigt, als Elfriede auf Jennas neuem Handy anrief, um ihr in einem wirren Wortschwall zu berichten, Gerolf hätte Moni in seiner Gewalt und wäre drauf und dran, sie umzubringen.

Sven hatte Jenna zum Treffpunkt gebracht und war kurz weggefahren, um sein Auto an einer geeigneten Stelle zu verstecken. Unruhig verschränkte Jenna die Arme vor der Brust. Sie fror. Wo Sven nur blieb? Würde er sie im Stich lassen? Davonlaufen? Oder war Gerolf gar nicht im Haus? Wem konnte sie trauen?

Es kam ihr vor, als hätte sie eine Ewigkeit gewartet, als sie Svens robuste Gestalt die Straße heraufkommen sah.

»Sie sind im Haus«, sagte sie, als er endlich neben ihr stand.

»Dann gehen wir.«

41

»Tja, so kommt es, wenn man sich für superschlau hält«, dozierte Gerolf selbstzufrieden. »Sie da«, er deutete auf mich, »nehmen Sie ein Stück Wäscheleine und fesseln Sie die Dicke neben Moni. Ich habe ausreichend Leine vorbereitet. In der passenden Länge. Wenn ich bitten darf.«

Er hatte eindeutig einen Sockenschuss. Ich musste Zeit gewinnen. Zwar hatte ich keine Ahnung, wie lange es her war, seit wir von Jenna weggegangen waren, aber irgendwann würde sie sicher auf die Idee kommen, die Polizei zu rufen. Hoffentlich. Spätestens nach einer Stunde.

Ich hielt Gerolf meine verletzte Hand entgegen. Ziemlich viel Blut rann aus der Wunde und tropfte auf den Boden.

»Sorry, aber damit ...«

Gnädig riss er ein Stück Stoff von einem herumliegenden Handtuch ab und band es mir um die Wunde. Der Stoff färbte sich sofort rot. Mir wurde schwummrig. Wenn ich mich jetzt fallen ließe ... dann wäre er abgelenkt und ...

»Los jetzt, zack, zack!«

Gehorsam nahm ich ein Stück Leine. Wie krank konnte ein Mensch eigentlich sein? Ich sah in Monis weißes Gesicht. Ihre Mutter hielt sie immer noch im Arm. Gerolf stieß mir den Revolver in den Rücken.

»Ordentlich fesseln!«, befahl er.

Ich machte, was er sagte. Dabei band ich die Enden so lose wie möglich. Moni neben mir ruckte hin und her, ihre Augen traten aus ihrem Gesicht.

»Was hat Ihnen meine Tochter getan?«, rief Elfriede.

Gerolf lachte. »Sie fanden doch immer, dass ich eine gute Partie für sie bin, oder? Bin ich auch. Besser: War ich auch. Denn besonders attraktiv ist sie nicht mehr, wenn Sie verstehen! Ein wimmerndes Häufchen Elend kann kein Mann besonders anziehend finden.«

»Sie sind ein Schuft!«, tobte Elfriede los. Und sagte noch eine Menge mehr Dinge. Ich ließ sie reden. Vielleicht vergaß Gerolf mich und ich kam irgendwie wieder an den Revolver. Vielleicht … Ich spürte Monis flehenden Blick auf mich gerichtet. Eine Träne rann ihr über die Wange.

Gerolf packte mich grob am Arm. »Sie sind also die berühmte Drummerin.«

»Genau«, erwiderte ich so selbstsicher wie möglich. Verdammt, was machte Jenna? Lackierte sie ihre Nägel nach? Hatte sie die Polizei schon verständigt? Die Wunde in meiner Hand pochte.

»Rauchen Sie?«

»Die Zeiten sind vorbei.«

»Fangen Sie jetzt wieder damit an.« Er hielt mir eine Schachtel hin. Wie hypnotisiert pickte ich eine Zigarette raus. Er gab mir Feuer. Ich nahm einen tiefen Zug. Etwas explodierte in meinem Hirn. Ich fühlte den kalten Revolverlauf in meinem Gesicht. Direkt unter dem linken Auge.

»Drück ihr die Kippe auf den Nippel!«

Ich sah, wie Moni die Beine anzog und in wilder Verzweiflung versuchte, sich von den Fesseln zu befreien.

»Warum setzen Sie eigentlich Ihre Genialität nicht an anderer Stelle ein?«, fragte ich. Versuchte, unterwürfig zu klingen.

»Nicht quatschen! Tun Sie, was ich sage!«

»Ich meine«, dabei lächelte ich weiblich-devot, »ich bin gerade dabei, mir was Neues aufzubauen. Musikalisch, um genau zu sein. Ich bräuchte einen Manager.« Ich nahm noch einen Zug und warf ihm einen Blick zu. Er sollte mich als Verlierertyp sehen. Als jemanden, dem er sich haushoch überlegen fühlen konnte. Der ihn für ein paar Minuten von seinem alten Opfer ablenkte.

Er starrte mich mit einer Mischung aus Abscheu und Neugier an.

»Er müsste natürlich was von der Juristerei verstehen, denn das ist heutzutage das A und O. Ständig flattern einem Abmahnungen und Klageandrohungen ins Haus. Ich schätze, da haben Sie einiges drauf, oder?«

Er fühlte sich geschmeichelt. Ich konnte es sehen, er lächelte selbstzufrieden. Ich musste ihm etwas zum Fraß vorwerfen, das seinen Spaß daran, Moni zu quälen, wenigstens für eine Weile unterbrach, weil dieses etwas ihm noch größeren Spaß machte. In der Hoffnung, dass Jenna in die Puschen kam. Jenna, die Mutter dieser Bestie. Horror stieg in mir hoch. Würde sie etwas gegen ihren eigenen Sohn unternehmen?

»Wissen Sie, Sie mögen sich ja superschlau vorkommen, aber Sie müssen damit rechnen, dass es andere gibt, die Sie überflügeln«, erläuterte er mit sanftmütiger Stimme. Zum ersten Mal konnte ich verstehen, dass Moni sich in ihn verguckt hatte. Sein schwarzes Haar fiel ihm locker in die Stirn, und er hatte so eine Art, es zurückzustreichen, die jungenhaft und sexy wirkte. Seine Stimme klang rau und samtweich zugleich. Der Revolver verschwand aus meinem Blickfeld.

Mit zitternden Fingern machte ich noch einen Zug. Himmel, wann hatte ich das letzte Rettchen geraucht? Zu Zeiten von Skunky Pie. Das Nikotin, lange entbehrt, möbelte mich so richtig auf.

»Naja, ich habe ja wenig Übung in solchen Dingen«, gab ich zu. Ich hörte, wie Elfriede leise auf ihre Tochter einredete.

»Das merkt man!«, biss er an.

»Sie müssen verstehen, ich habe mich immer nur auf die Musik konzentriert.«

»Ziemlich affige Band«, gab Gerolf zum Besten.

»Wir waren verbesserungswürdig, das gebe ich gern zu …«

»Ich habe mir das Zeug im Internet angehört. Skunky Tie.«

Ich verbiss mir die Korrektur.

»Naja, also, wie gesagt«, ich saugte der Zigarette das letzte Pulver raus und drückte die Kippe an der Waschmaschine aus, »ich brauche jemanden, der genau hier ansetzt. Ich möchte wirklich gern meine Songs vermarkten, aber ich weiß nicht, wie.«

Irgendwo im Haus hörte ich etwas. Das Klappern von Absätzen? Scheiße, Jennas Stiefeletten. Auch Gerolf hatte das Geräusch gehört. Hektisch sah ich mich um: Wo war der Revolver? Er hielt ihn locker in der Hand. Auf seiner Stirn bildete sich eine steile Falte. Er stand unter Stress. Bisher hatte die Situation seinen Stoffwechsel angenehm angeregt, aber jetzt schien er zu spüren, dass sogar einem Superhirn wie ihm irgendwann der Abstieg drohte.

Hilfe suchend sah ich zu Elfriede. Sie bewegte die Lippen, lautlos, wollte mir irgendwas begreiflich machen, aber ich verstand nicht. Und deswegen kam es, wie nicht anders zu erwarten. Ich hatte den Revolver zwischen den Rippen. Warf mich auf den Boden und kickte gegen Gerolfs Hand. Der Schuss hallte brutal laut von den gekachelten Wänden wider. Eine Fliese an der hinteren Wand explodierte.

Weiß vor Wut starrte Gerolf mich an. Der Fluchtinstinkt trieb mich hinter den großen Arbeitstisch. Kein wirklich gutes Versteck. Er drückte noch einmal ab. Es knallte, Elfriede kreischte. Ich spürte etwas Kaltes an meiner Schulter. Wo war Jenna? Hatte sie die Polizei angerufen? Oder stelzte sie gemächlich durchs Haus, um ihrem Sohn Zeit zu geben, sein hässliches Werk zu beenden? Warum rasten mir so viele Gedanken durch den Kopf, anstatt dass ich einen Plan machte, wie wir aus der vertrackten Lage herausfanden? Ich spürte die Vibration meines Handys in der Tasche.

»Ich müsste mal ans Telefon«, verkündete ich.

Gerolf bückte sich, kramte das Handy hervor und meldete sich. »Ja? – Nein. Sie ist nicht da. Tschüss.«

»Wer war das?«, fragte ich atemlos.

Gerolf steckte sich eine neue Zigarette an. »Ein gewisser Piet.«

»Das ist jetzt nicht wahr.« Mir wurde richtig schwindelig. Mein Ehemann, der mich mit Anita betrog, rief im allerschlimmsten Moment meines Lebens an und wurde von einem Psychopathen abgefertigt, den er nun für meinen neuen Lover halten würde!

Gerolf schleuderte mein Handy auf den Boden und zertrat es. Dann packte er mich am Arm, zerrte mich hinter dem Tisch hervor und drückte mir die Zigarette zwischen die Finger. »Los jetzt.« Mit dem Kinn wies er auf Moni.

Ich hatte Nebel vor Augen, als ich wie ferngesteuert die Kippe nahm.

»Das können Sie nicht wirklich wollen«, sagte ich. Irgendwas musste ich ja sagen, und mein Hirn war plötzlich wie blockiert. Vielleicht half eine gute Dosis Nikotin. Davon wurde mir jedoch noch schwindeliger.

»Sie erstickt«, hörte ich Monis Mutter schreien. »Sie kann nicht mehr atmen.«

Ich taumelte auf Moni zu, stolperte über meine eigenen Füße und ging zu Boden. Dabei kullerte die Zigarette davon. Die Fliesen färbten sich blutrot.

Ich schloss die Augen. Irgendwas verlief hier ziemlich unbefriedigend. Meine Hand tastete nach der Zigarette. Schließlich konnte ich nicht einfach tatenlos daliegen, wenn Moni und Elfriede schon aus dem Spiel waren. Sie vertrauten auf mich. Ich war ihre letzte Hoffnung ... mein Mund war ganz trocken. In meinen Ohren sauste es. So laut, dass ich fast die Stimme überhört hätte, die nun klar und deutlich durch die Waschküche klang.

»Leg die Knarre weg, Gerolf. Du hast keine Chance mehr.«

Ächzend drehte ich den Kopf. Ein Typ stand in der Tür, in schwarzer Montur und mit Glatze. Wow, die haben ein Sondereinsatzkommando geschickt, dachte ich. Gleich mäht ein Scharfschütze Gerolf mit gezieltem Kopfschuss um. Stattdessen hob Gerolf eiskalt den Revolver, zielte auf den Mann in der Tür und drückte ab.

Es klickte. Ich versank in Dunkelheit.

42

Man brachte mich ins Krankenhaus nach Ebermannstadt. Ich hatte eine Fleischwunde am linken Arm, die
ziemlich stark geblutet hatte, aber ansonsten erstaun-
lich wenig Probleme machte. Schlimmer war es mit dem
tiefen Schnitt an der Hand von Gerolfs Messer. Die
Klinge hatte ein paar Sehnen verletzt. Ich würde eine
Menge Training benötigen, um die Hand wieder normal gebrauchen zu können.

Moni war mit einem Schock und leichten Brandwun-
den auf dem Rücken von der Heizung in die Klinik ein-
geliefert, aber nach einem Tag entlassen worden. Beinahe wäre sie an dem Armband in ihrem Mund erstickt.
Wenn nicht der Typ mit der Glatze rechtzeitig aufgekreuzt wäre.

Während die Sanitäter mich zum Krankenwagen trugen, hatte ich mitbekommen, wie Gerolf zum Polizei-
wagen geführt wurde. Jenna sah ungerührt zu. Als wäre
der smarte Typ mit dem schwarzen Haar nur ein Pas-
sant, dem sie zufällig begegnet war.

Als die Polizei in die Klinik kam, um mich zu ver-
nehmen, wies ich sie darauf hin, dass in der Villa von
Jackos Eltern vermutlich eine Menge Kokain zu fin-

den war. Das erwies sich als richtig. Ich freute mich kolossal über den Trouble, der Jacko und seinen Leuten bevorstand.

Moni und ihre Mutter besuchten mich in meinem Krankenzimmer und luden mich ein, Weihnachten bei ihnen zu verbringen. Mir war wirklich nicht danach. Ich sagte freundlich ab. Besonders enttäuscht wirkten sie nicht. Sie klebten aneinander wie Kletten. Wenigstens eine Beziehung war gekittet.

Wich holte mich am Morgen des 24.12. aus der Klinik ab. Kaum rollten wir vom Parkplatz, bat ich ihn, am nächstbesten Supermarkt zu halten. Nach dem läppischen Essen aus der Großküche war mir nach einem scharfen Thai-Curry. Gemeinsam kauften Wich und ich die Zutaten. Heute Abend würde ich mir den Kachelofen anschüren und über mein Leben nachdenken, so viel war sicher. Na gut, dass Wich und Astor mir Gesellschaft leisteten, war folgerichtig und völlig in Ordnung. Außerdem brauchte ich ein neues Handy. Ich kaufte kurz vor Ladenschluss ein Smartphone und legte meine alte SIM-Karte ein. Es funktionierte.

Der Kerl in der schwarzen Montur, der uns aus der misslichen Lage im Keller gerettet hatte, war Sven. Ein junger Mann, der den Ritter für Moni spielte. Ausnahmsweise hatte ich mitprofitiert. Auf meine Nachfrage meinte mein Nachbar, sein Revolver wäre nicht das Gelbe vom Ei. Ab und zu würde sich die Trommel einfach nicht weiterdrehen, deswegen war Gerolfs dritter Schuss folgenlos geblieben und hatte dem durchtrainierten Sven die Möglichkeit gegeben, den Irren auszuknocken.

Jenna war abgetaucht. Ich würde nie nach ihr suchen. Mit Kranken war ich ein für alle Mal fertig. Vermutlich war ihr Gatte drauf und dran, ganze Heerscharen von dubiosen Privatermittlern auf ihre Spuren zu hetzen, genauso wie er bestimmt die Crème de la Crème aller Anwälte aufstachelte, um Gerolf aus der Scheiße herauszuholen. Ich nahm an, dass er auf vermindert schuldfähig plädieren würde, indem er seinem Sohn eine psychische Erkrankung attestieren ließ.

Als das Curry köchelte und Wich den Wein entkorkte, klingelte mein Handy. Die Nummer kannte ich. Ich nahm den Anruf an.

»Piet?« Ich schwöre, ich versuchte wirklich, die Stimme zu heben, damit die eine Silbe wie eine freundliche Frage klang.

»Ich wollte dir fröhliche Weihnachten wünschen.«

»Und Anita?«

»Wieso Anita?«

»Hast du mich nicht verlassen, um mit ihr Weihnachten zu feiern?«

»Was hat das damit zu tun, dass ich dir ein schönes Fest wünschen will?«, kam es empört zurück. »Mich würde mal interessieren, wer der Gnom war, der neulich ans Handy ging, als ich dich angerufen habe.«

»Der Gnom, wie du ihn nennst, hockt in U-Haft. Er hat versucht, mich umzubringen.«

»Ach was. Was für eine ungeheuer charmante Ausrede. Kommt auf meine Liste.«

Ich konnte es nicht glauben – mit dem Knilch war ich verheiratet? Er hatte das Einfühlungsvermögen eines Warzenschweins. Wenn ich denn schon in den schlimmsten Stunden meines Lebens allein sein musste, konnte ich dieses Telefonat getrost beenden.

»Leck mich!«, sagte ich. Und legte auf.

ENDE

Weihnachtskrimis von Friederike Schmöe:

Katinka Palfy ermittelt:

Süßer der Punsch nie tötet
ISBN 978-3-8392-2185-3

Lasst uns froh und grausig sein
ISBN 978-3-8392-1186-1

Still und starr ruht der Tod
ISBN 978-3-8392-2182-2

Weitere:

Schaurige Weihnacht überall
ISBN 978-3-8392-1436-7

Stille Nacht, grausige Nacht
ISBN 978-3-8392-1804-4

Von Zimtsternen und Zimtzicken (Anthologie, 1 Beitrag)
ISBN 978-3-8392-1955-3

Drauß' vom Walde
ISBN 978-3-8392-2307-9

O du fröhliche, o du grausige
ISBN 978-3-8392-2744-2

GMEINER SPANNUNG

Alle Bücher von Friederike Schmöe finden Sie unter **www.gmeiner-verlag.de**

WWW.GMEINER-VERLAG.DE
Wir machen's spannend